KB123192

열정의 발레리노 이원국의 자전에세이

이쇼라스

다니비앤비

목차

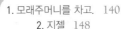

제 1 막

땀방울과
무지개

땀방울과 무지개

발레 무대에 무지개가 떠오르는 순간이 있다. 창공의 무지개는 햇빛과 물방울이 만들어내지만 이 무지개는 무용수의 땀방울과 무대 조명이 만들어낸다. 풀밭을 적시는 빗방울처럼 무용수들은 조용히 무대 위로 올라간다. 침묵이 감도는 객석을 향해 댄서가 춤을 춘다.

무대 조명이 댄서를 향한다. 새처럼 날아오르는 댄서의 땀방울이 허공에 흩어진다. 눈물과 한숨, 좌절과 고통…, 그 모든 것을 품고 흘러내리는 한 방울, 두 방울, 세 방울…, 수천 수만 개의 땀방울들이 조명에 굴절 반사되어 나타나는 발레 무지개. 관객들은 그동안 댄서가 겪었던 모든 고통과 좌절의 시간을 박수갈채로 보상해 준다. 이것이 내가 관객들에게 보여주고 싶은 발레이다.

러시아 모스크바 공항으로 향하는 비행기 안에서 나는 하늘에 걸린 무지개를 생각했다. 내가 드디어 꿈에도 그리던 무대에 선다. 가슴이 두근거리면서 비행기창을 통해 바라본 하늘이 천국처럼 보였다. 구름위에 둥둥 떠다니는 요정들처럼 나는 과연 내가 가는 그곳이 어떤 모습일까 흥분하고 있었다. 그곳은 바로 마린스키 극장Mariinsky Theater 이다.

"너, 떨고 있구나. 마린스키에 간다니까 정말 기분 좋지? 그렇게 많이 떨리나?"

비행기 옆에 있던 문훈숙 단장님께서 내 모습을 보고 미소 지으신다.

"아닙니다"

"너는 잘 할 거야. 내가 믿는다."

"고맙습니다." 나는 대답을 하고, 비행기 바닥에 발바닥을 대고 꾹 눌렀다.

'그래 나는 잘 할 수 있을 거다.'

비행기 안에서 이미 나는 마린스키 극장의 넓은 무대 위를 도약하고 있었다.

나는 동양인 최초로 러시아 마린스키발레단의 무대에서 주역으로 공연했다. 그때가 1995년이었다. 내가 발레를 시작한 지 10년 만의 일이었다. 10년, 과연…, 강산이 변한다는 속담처럼 이원국이라는 사람의 유전자가 변했다는 느낌이 들었다.

10년 전에 나는 다른 사람이었다. 사람의 유전자가 변할 리는 없겠지만 과학적으로 우리 몸을 구성하는 세포는 주기적으로 죽고 다시 태어난다. 내 몸을 만드는 세포가 발레 공연에 맞게 변화하고 새롭게 탄생한 것이다. 10년이 걸렸다. 세계 발레의 메카인 러시아의 마린스키 극장에 객원 주역 발레리노로 오기까지 그 멀고도 험한 길을 뒤돌아보니 한 순간이었다. 무대 위에서 비상하고 착지하는 순간이라고나 할까?

이 무대에 서게 된 계기는 유니버설발레단 문훈숙 단장님의 파트너로 〈백조의 호수 Swan Lake〉 공연 연습을 하면서부터였다. 유니버설 시절엔 자정 가까이 연습실에서 살다시피 했다. 유니버설의 주역으로 자리잡기 위한 몸부림이었다. 나의 모습을 유심히 지켜보았던 문 단장님이 말씀하셨다.

"원국 씨. 키로프[1] 갈래?"

그 목소리가 아직도 생생하다. 그곳은 발레를 한다면 누구나 꿈꾸는 전설적인 무대다. 과연 내가 그곳에 가는 것일까? 이게 꿈은 아니겠

---

1. 1992년 공산주의 체제 붕괴 이후 '마린스키'극장과 발레단으로 개명되었으나, 이전까지 '키로프'라는 이름 인지도로 인해 '마린스키발레단'을 '키로프'라 소통하기도 하였음.

지…, 그래 나는 비행기를 타고 있다. 꿈이라면 날개를 달고 날아가고 있을 거야. 나는 러시아로 가는 비행기 안에서도 꿈과 현실 사이를 교차하는 듯한 느낌으로 감정이 고양되고 있었다.

러시아 모스크바 공항에 도착하자 문훈숙 단장님을 환영하는 인파가 현수막을 들고 꽃다발을 건네며 우리를 반겨주었다. 그들의 따뜻한 마음에 보답하기 위해서라도 더 좋은 공연을 해야겠다는 다짐을 하고, 우리는 마린스키 극장이 있는 상트페테르부르크로 향했다.

마린스키발레단은 러시아 황실 발레단의 후신後身이다. 유서 깊은 러시아 황실에서 마련한 극장답게 웅장하고 아름다운 러시아의 문화가 잘 드러난 발레 극장이었다. 그동안 말로만 듣던 극장

〈잠자는 숲 속의 미녀〉中에서

마린스키 극장의 전경과 내부

에 도착하니 우선 그 웅장한 규모에 압도되었다. 황금으로 장식된 각종 문양과 높은 천장에서 쏟아지는 눈부신 조명들, 잘 정리된 객석과 넓은 무대, 그야말로 황실의 권위와 품위가 한눈에 보이는 공연장이었다.

이곳에서 동양인 발레리노가 공연한 적은 한 번도 없었다. 바가노바 발레 아카데미에서 교육받은 러시아 무용수 중에서도 극히 일부만이 마린스키발레단의 단원으로 선발되기 때문이다. 동양인 발레리노인 내가 이곳의 무대를 밟는다는 사실이 믿어지지 않았다.

마린스키 극장의 주역 분장실에 들어가자 니진스키, 누레예프, 바리시니코프를 비롯한 마린스키발레단 출신의 세계적인 발레 댄서들의 사진액자들이 벽에 걸려 있었다. 그 사진을 올려다보면서 이게 꿈인가 생시인가 싶었다. 그곳은 내가 항상 꿈꾸던 공간이었다. 액자 속에 있는 위대한 발레 댄서들이 '원국아 어서 오너라. 환영한다.' 하고 내게 말을 걸어왔다.

'내가 드디어 여기에 왔구나.'

그런데 세계적인 마린스키 단원들이 왠지 낯선 동양인 댄서를 색안경을 끼고 보고 있다는 느낌이 들었다. 하지만 '나는 이원국이다. 내 춤을 보면 너희들이 곧 나를 좋아하게 될 거다' 하는 자신감을 품었다. 내 예상대로 내가 춤추는 모습을 보면서 그들의 태도가 달라지기 시작했다. 그들과 함께 하면서 공연 무대는 인종, 나이, 성별이 사라진 곳이라는 사실을 깨달았다. 중요한 건 실력이다. 실력만 있다면 내가 왕자이지만, 실력이 없다면 무시를 당해도 싸다. 그들의 태도는 그것을 내게 보여주고 있었다.

나는 마린스키발레단의 안무가들에게 연기지도를 받으면서 공연 준비를 착실하게 했다. 그들은 오랜 전통을 자랑하는 발레단 안무가답게 엄격한 클래스를 진행했다. 무용수들의 직급에 맞게 연습실에도 자리가 따로 있었다. 주역은 군무群舞를 담당하는 팀들과 연습하는 시간이 서로 달랐고, 혹 같을 때에도 연습 공간이 나뉘어 있었다. 연습의 순서도 정해져 있었다. 군무를 하는 팀이 끝나면 주역들이 혼자, 혹은 둘씩 연습을 했다. 나는 주역으로 선발되었기에 연습실에서 혼자 연습을 했다. 그 연습실은 주역들만 들어오는 자리였다.

당시 마린스키발레단의 스타였던 루지마노프가 내가 연습하는 걸 지켜보고 있었다. 꼭 그를 의식한 건 아니었지만 신경은 쓰였다. 나는 앞으로 달려 나가 공중회전을 하고 있었다. 힘차게 도약해서 회전을 하고 있는데, 루지마노프가 나와 같은 방향으로 공중회전을 하는 것이 아닌가? 순간적으로 나는 깜짝 놀랐다. 동시에 공중에서 쭉 뻗은 나의 발이 세계적인 스타의 배를 차는 바람에 우리 두 사람은 꽈당 바닥에 넘어지고 말았다.

그는 얼른 일어나더니 내 손을 잡고 일으켜 세워 주면서 미안하다며 악수를 청했다. 그리고 어리둥절해 있는 나를 향해 엄지손가락을 치켜들고 연습실을 빠져나갔다. 그는 왜 자기 차례도 아닌데 내 옆에서 연습을 한 것일까? 지금 생각하니 비록 초면이지만 발레리노로서의 공감대가 형성된 것이 아닌가 싶다. 스스럼없는 친구처럼 공중회전을 같이 하고 싶은 마음이 들 수도 있었을 것이다. 분명한 건, 텃새를 부리기는커녕 오히려 같은 무대에 서는 동료로서 인정해주는 느낌이 들었다.

무대 리허설을 하기 위해 극장에 가보니 무대가 객석 쪽으로 15도 정도 경사져 있었다. 평평하게 만들어진 우리나라 무대와는 다른 형태였다. 마린스키를 비롯해서 유럽의 발레 전용 극장들의 바닥은 무대가 기울어져 있어 동전을 굴리면 또르륵 굴러가는 언덕의 내리막과 비슷하다. 심하게 기울어진 곳도 있다. 훗날 동료들이 유럽에서 공연할 때 경사진 무대를 두려워하기도 했지만, 막상 점프나 회전을 하는 데에는 경사진 무대가 더 유리하다. 위에서 밑으로 내려갈 때도 그렇지만 밑에서 위로 도약을 할 때도 마찬가지다. 마린스키 무대에 적응하기 위해 계단의 위쪽에서 뛰어올라 아래쪽으로 회전하면서 착지하는 연습을 하곤 했다.

드디어 마린스키 극장의 막이 올라가고 〈백조의 호수〉 음악이 울려 퍼졌다. 무대로 달려나갔다. 나는 벌판에 토네이도가 몰아치는 테크닉으로 공중회전을 하면서 그동안 갈고 닦은 기량을 원 없이 보여주었다. 내가 개발한 공중회전 기술은 국내에서 '핵폭탄'이라고 불리었다. 정통 공중회전 기술에 몸을 뒤틀어 버리는 테크닉을 더한 동작이었다. 물론 정통 발레의 기법은 아니었다.

나의 새로운 기술을 본 마린스키 단원들의 의견은 찬반으로 화연하게 나뉘었다. 18세기부터 이어져 내려오는 황실극장의 발레 전통에 어긋난다는 이유로 반대하는 쪽도 있었다. 그와 반대로 찬성하는 쪽은 나의 새로운 창작 동작이 발레 발전에 기여할 수 있다는 의견이었다. 어쨌든 공연에서는 나의 새로운 동작을 유감없이 선보였다.

한바탕의 번개를 동반한 폭풍우가 지나간 것일까. 드디어 막이 내려갔다. 조명이 사라진 어둠속에서 나는 턱까지 차오르는 숨을 몰아쉬면서 이제 뭔가 해 냈구나, 하는 생각이 들었다. 이마에 흐르는 땀방울이 바닥에 뚝뚝 떨어졌다. 잠시 후 러시아 관객들로부터 열광적인 박수갈채가 쏟아졌다. 그날 나는 일곱 번의 커튼콜을 받았다. 지금까지 많은 공연을 했지만, 난생 처음 받아보는 박수갈채였다.

행복했다. 훨훨 날아갈 것 같았다. 내 발레 무대에 무지개가 걸린 것이다. 이 무지개를 잡기까지 10년이 걸렸다. 아름다운 러시아 마린스키발레단의 발레리나들과 함께 공연을 했다. 부산 촌놈 이원국이 마린스키의 왕자가 되어 도약하고 회전하면서, 사랑하고 슬퍼하는 춤을 추었다. 나는 고치를 벗어나 화려한 날개를 펼친 나비처럼 러시아 스타 무용수들 사이를 날아다녔다. 그녀들이 마치 병풍처럼 내 주위를 둘러싸고 박수를 치고 있었다. 항상 꿈꾸던 무대였지만, 더 이상 꿈이 아니었다.

발레를 시작해 마린스키에 가기까지 10년이 걸렸다. 우리들 누구에게나 10년은 주어진다. 화가 고흐도 그림을 시작해서 약 10년 간 작업을 했다고 한다. 초보적인 데생에서부터 「별이 빛나는 밤」과 같은 위

〈신데렐라〉 中에서

대한 작품들을 만드는 기간이 10년이었다. 나는 10년 만에 연습생에서 마린스키 극장의 주역으로 성장했다. 10년의 세월 동안 나를 끌고 온 원동력은 무엇이었을까?

　무대에 모든 것을 쏟고 나면 아무 것도 남지 않는다. 화려한 무대가 박수갈채와 함께 사라지고 텅 빈 객석을 바라보면 허탈감이 엄습하곤 한다. 그동안 나를 끌고 온 것은 발레에 대한 열정과 도전정신이었다. 그리고 마린스키발레단과의 공연은 세계무대를 향한 도전이었다. 마린스키 극장의 텅 빈 무대를 바라보고 앉아 나는 이런저런 생각을 했다. 문득 나의 뺨을 후려친 따귀 한 대가 번쩍 떠올랐다.

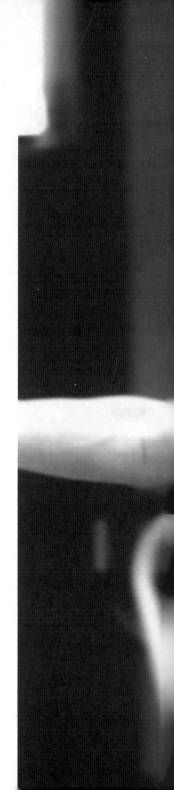

무대 조명이 댄서를 향한다.

새처럼 날아오르는 댄서의 땀방울이
허공에 흩어진다. 눈물과 한숨, 좌절과 고통…

그 모든 것을 품고 흘러내리는
한 방울, 두 방울, 세 방울…
수천 수만 개의 땀방울들이
조명에 굴절 반사되어 나타나는

발레 무지개.

〈지젤〉 연습 中

따귀 한 대

중학교 1학년 때의 일이다. 여느 날과 다름없이 등교해서 책상
에 앉았다. 드르륵 교실 문이 열리고 선생님이 들어와 어두
운 얼굴로 우리들을 바라보셨다. 반장의 구호에 따라 차렷과 경례를
하고 수업이 시작되었다. 선생님은 수업을 하기 전에 우리들에게 백지
를 한 장씩 나누어 주며 말씀하셨다.

"종이에 쓰고 싶은 글을 써라, 내용은 어떤 거라도 좋다. 평소에 쓰
던 대로 편안하고 짧게 써라."

아이들은 혹시 무슨 시험이라도 보는가 싶어 정성을 다해 쓰기 시
작했다. 나는 아무 생각 없이 뭔가를 적었다. 내가 어떤 내용의 글을 썼

는지는 잘 기억나지 않는다. 어떤 아이들은 장래희망을 적었고, 어떤 아이들은 독후감을 쓰기도 했다. 나는 특별한 장래희망도 없는 평범한 아이였기 때문에 아마도 편지 같은 글을 조금 적은 것 같다. 잠시 후 선생님은 아이들이 쓴 글씨가 적혀 있는 종이들을 시험지처럼 걷어서 교무실로 돌아가셨다. 그런가 보다 하고 있었는데 그날 종례시간에 선생님이 나의 이름을 부르셨다.

"이원국. 너 앞으로 나와."

선생님은 어떤 설명도 하지 않고 묵묵히 손목시계를 풀어 교탁 위에 놓더니 나에게 다가와 따귀를 때리셨다. 갑자기 돌멩이처럼 날아온 따귀 한 대에 나의 몸이 비틀거렸다.

"똑바로 서라."

선생님은 내가 몸을 바로 세우자 다시 따귀를 때리셨다.

"억!"

"이 자식이. 똑바로 서라니까."

선생님은 다시 따귀를 때리기 시작하셨다. 가속도가 붙은 선생님의 매서운 손바닥이 내 얼굴로 계속해서 날아왔다. 나는 내가 왜 맞는지도 모르는 상태에서 거의 린치에 가까운 선생님의 폭력에 무기력하게 당할 수밖에 없었다. 도대체 이게 무슨 일인가 말이다. 분노에 찬 선생님의 얼굴을 보면서 아무런 저항도 하지 못하고 그저 맞고만 있었다. 아이들이 웅성거리는 소리가 들려오고 나는 그 자리에서 푹 쓰러지고 말았다. 선생님께 대들고 도망갈 생각도 하지 못했다. 이것이 내 인생에 큰 상처로 남았다.

다음날 선생님이 화가 나신 이유를 알고 나서는 더 분한 마음이 들었다. 아이들 중에 누군가가 예쁜 미술 선생님께 노골적인 내용의 저질 편지를 보낸 것이다. 교무실은 그 편지 때문에 발칵 뒤집혔고, 선생님들은 아이들의 필적을 조회해서 범인을 가려내자고 의견의 일치를 보셨다.

선생님이 백지에 글을 쓰라고 하신 것은 글의 내용을 보시기 위한 것이 아니라 필적 조회를 하기 위한 일종의 조사였던 셈이다. 선생님들은 나의 필적이 범인(?)의 필적과 유사하다고 판단하고 체벌을

하신 것이다. 정말 어이없는 일이었다. 정확한 물증도 없이 단지 필적이 비슷하다는 심증만으로 교실에서 가해진 선생님의 무자비한 폭행에 나는 좌절감을 느꼈다. 아닌 밤중에 홍두깨라는 말이 이런 경우를 두고 하는 말일 것이다.

학교에서는 어머니를 교무실로 불러서 이 일을 알렸다. 어머니는 성정이 불같고 대쪽 같은 아버지가 이 사실을 아시면 감당할 수 없는 일이 벌어질까 두려워하셨다. 그날 이후, 비뚤어지기 시작했다. 학교에 가기가 싫었다. 나는 등교하는 척하면서 동네 만화방으로 갔다. 탈

선이 시작되었다. 결백을 증명할 길은 없고 학교에서는 나를 죄인 취급하니 분하고 억울해서 학교 쪽을 쳐다보고 싶지도 않았다.

만화방에서 동네 형들의 잔심부름도 하면서 허송세월을 보내는 등 이러한 나의 방황은 열아홉 살까지 이어진다. 잦은 가출로 인해 집에서는 아예 가출을 해도 다시 돌아오겠지 하는 심정으로 내버려 둘 수밖에 없었다. 참으로 거칠고 정처없이 떠돌던 청소년 시절이었다.

〈지젤〉中에서

만화방에서
동네 형들의 잔심부름도 하면서
허송세월을 보내는 등 이러한 나의 방황은
열아홉 살까지 이어진다.

참으로 거칠고 정처없이 떠돌던
청소년 시절이었다.

청춘의 무임승차

부산 송정 해수욕장에서 관광객들에게 천막을 빌려주고 자릿세를 받는 일을 하면서 알게 된 아저씨가 있었다. 그는 부산 폭력 조직의 보스 출신이라고 들었다. 자그마한 체구에 선량한 인상을 가졌으나 가끔 험악한 인상의 덩치 큰 청년들이 찾아와 그에게 구십도 각도로 인사를 하곤 했다.

어느 날, 친구들과 함께 그의 곁을 얼쩡거리고 있던 나를 지켜본 아저씨가 말했다.

"원국아, 이리 좀 와 봐라"

"왜 그러시는데요?"

"멸치처럼 말라깽이가 왜 집에는 안 들어가고 여기서 얼쩡거리고 있니?"

"공부하기 싫어서요."

"학생이 공부 안 하면 뭘 하려고?"

"모르겠습니다."

"너 혹시 깡패 되고 싶니?"

"왜요. 제가 싸움 좀 할 것 같아 보이세요?"

"너, 누구 패주고 싶은 사람 있니?"

"…"

"에이…. 넌, 아니야. 집에 돌아가서 공부나 열심히 해라."

"공부하기 싫어서 그러는데요."

"이놈아, 세상 사는 게 다 공부다. 하여간 넌 여기서 얼쩡거리지 마라."

그때 나는 그 아저씨 밑에서 2개월 정도 일을 했다. 그는 내 눈빛과 행동을 보고 무엇인가를 간파한 것이다. 너는 이 바닥에서 놀 놈이 아니니 딴 길을 알아보라는 메시지였다. 나 역시 발레 댄서를 보는 나만의 눈이 있다. 예술성이 뛰어난 댄서가 있는가 하면 테크닉이 탁월한 댄서도 있다. 사람을 보는 눈은 오랜 경험과 연습으로 생기는 법이다. 그때 아저씨가 보기에 나는 깡패로 살기에는 뭔가 부족하다고 느꼈던 모양이다.

이후 술집에서 웨이터로 일을 하게 되었다. 싹싹하게 손님들을 잘 챙기면서 일을 잘 해서인지 주인이 나를 좋아했던 기억이 난다. 주방 아줌마가 퇴근한 후 주방으로 들어가 혼자서 돈가스를 튀겨 놓으면 직원들이 야식으로 먹으면서 요리를 잘 한다는 칭찬도 들었다. 그러던 어느 날, 그 술집으로 대학생 두 명이 아르바이트를 하고 싶다고 찾아왔다. 연세대와 고려대 학생들이었는데, 배낭여행을 하다가 여비가 떨어져 일자리를 구하고 있던 참이었다. 그들은 비슷한 또래의 나와 잘 어울렸다. 학생들은 한 달 간 일을 하고 여비를 마련하자 나에게 서울에 같이 가보지 않겠느냐고 했다.

그 인연으로 서울에 가서 그들과 같이 지내게 되었다. 처음엔 서울에 간다는 호기심으로 동행을 했지만 아무런 연고도 없는 객지생활이 만만치는 않았다. 그들의 하숙집에서 잠시 머물렀는데 아침이 되면 그들은 학교로 가고 나 혼자 남아 서울 거리를 돌아다녔다. 복잡한 서울 거리에서 나는 외톨이가 되었다. 그들과의 관계도 점점 멀어지게 되었다. 노는 물이 다르니 관계가 이어지기 힘들었지만 처음으로 대학이라는 곳도 구경하고 학생들의 풋풋한 모습도 보았다.

그들의 눈에는 내가 독특하게 보였겠지만 나 역시 마찬가지였다. 그때만 해도 내가 대학을 간다는 것은 상상도 하지 못했다. 그저 멀리서 바라보는 좀 다른 세상이었다.

한번은 그 친구들과 바다를 보고 싶다는 이야기를 하다가 무작정

기차역으로 갔다. 청량리역에 도착해서야 우리들은 무일푼임을 알게 되었다. 우리들은 동해안과 가까운 강릉행 기차에 무임승차하기로 했다. 다른 칸에서 승차권을 검사하는 검표원의 모습이 보이면 화장실이나 다른 칸으로 옮겨 다니면서 무사히 강릉역에 도착했다.

경포대 바닷가에서 피서 인파들과 어울려 바다구경을 하고, 음식점들이 즐비한 시장 골목을 돌아다니자 슬슬 배가 고파 오기 시작했다. 주머니를 털어 봤지만 동전 몇 개만 달랑 남아 있을 뿐이었다. 우리는 결국 한적한 마을에 있는 옥수수 밭으로 도둑고양이처럼 기어 들어갔다.

여름 볕에 탐스럽게 잘 익은 옥수수 몇 개를 급하게 따서는 옥수수 밭에 숨었다. 흙바닥에 주저앉아 급하게 옥수수 껍질을 벗기고 주변에 나뭇가지와 짚을 모아서 불을 피웠다. 활활 불이 피어오르고 옥수수가 다 익자 허겁지겁 먹기 시작했다. 허기진 뱃속에 들어가는 옥수수 맛은 정말 꿀맛이었다. 그런데 누군가 우리들의 뒷덜미를 덥석 잡으면서 고함을 질렀다.

"요놈의 자식들, 대낮에 옥수수를 훔쳐 먹어!"

주인에게 발각된 우리들은 근처 파출소로 끌려가고 말았다. 나는 질질 끌려가면서도 한 번만 봐달라고 사정을 했지만 주인아저씨는 가차없었다. 경찰은 우리집으로 연락을 했고, 한나절이 지나자 부산에서 아버지가 파출소 문을 열고 들어오셨다.

아버지는 부산일보에서 기자로 근무하는 언론인이셨다. 항상 근엄하신 아버지가 아들이 강릉에서 옥수수 서리를 하다가 잡혀왔다는 연락을 받았을 때 얼마나 참담하셨을까, 지금에야 겨우 그 마음이 짐작된다.

파출소에서 나를 인계받은 아버지는 한마디도 하지 않으시고 묵묵히 운전만 하셨다. 고속도로를 달리는 차안에는 무거운 공기가 감돌았다. 나는 특별히 반성하는 기색도 보이지 않았다. 아마도 그런 나의 태도가 아버지께는 절망적으로 보였던 것일까? 고속도로 언양 휴게소에서 아버지는 차의 시동을 끄고 그동안 참았던 울분을 터트렸다.

"원국아, 도대체 언제 인간이 되려고 이러느냐?"

"절 좀 그냥 놔 두세요 제발!"

"아니, 이놈의 자식이. 정신 못 차리겠니? 맞아야 정신 차릴래."

"때리려면 때리세요."

아버지는 도대체가 막무가내인 나를 때리셨다. 얼마나 화가 나셨으면 아들에게 손찌검까지 하셨을까 싶다. 나는 차문을 열고 나와 도망치기 시작했다. 아버지가 뒤에서 쫓아 오고 계셨지만 나는 가파른 야산으로 뛰어 올라갔다. 산에 숨어 있다가 아버지가 안 계신 것을 확인하고는 언양에서 부산까지 50킬로미터나 되는 거리를 터벅터벅 걸어서 갔다. 그리고 식당을 하고 계시던 어머니에게 가서 식당 물건들을 집어 던지고 손님들이 있는데도 바닥에 대자로 뻗어 누우면서 포악을 떨어 기어이 돈을 챙겨 또 가출했다.

집을 나와서 어디로 갈지는 생각하지 않았다. 인생에 목표가 없는데 갈 곳이 어디 있겠는가? 다람쥐 쳇바퀴처럼 같은 자리를 돌고 있었지만 나는 그것을 몰랐다. 그냥 무작정 달려 나갔다. 앞에 절벽이 있는 줄도 모르고 뛰어가는 위험한 모습이었다.

지금에서야 알 것 같기도 하다. 가족들은 항상 그 자리에서 나를 기다리고 있었다. 어머니의 눈물과 아버지의 간절한 마음이 항상 거기에 있었다. 사람의 눈엔 때가 되어야만 보이는 것들이 있다. 아들이 집밖에서 떠돌고 있을 때 집은 항상 문을 열어 놓고 있었다는 사실을, 나는 내놓은 자식이 아니라 식구들이 간절하게 기다리고 있는 귀한 아들이라는 사실을 나중에서야 알게 되었다.

내가 방황했던 시절에 만났던 사람들을 가끔 생각하곤 한다. 지금은 서로 다른 길을 걷고 있지만 한 시절을 같이 보냈던 거칠지만 정겨운 사람들이었다. 만약에 내가 어린 시절부터 발레를 했다면 지금처럼 할 수 있었을까? 반대로 한번 생각해 본다.

어린 시절부터 꾸준히 한 길을 걸어 일찍 성공하는 것도 참 좋은 삶일 수 있다. 하지만 오히려 내가 그토록 열심히 발레에 몰입할 수 있었던 데에는 지나간 시절에 대한 보상심리와 길거리에서 배운 독한 근성 같은 것이 작용하지 않았을까?

나는 대학에 들어가서 오히려 입시를 앞둔 수험생처럼 발레에 몰두했으니 그 보상심리가 분명히 작용했었던 것이다. 그 밑바닥에는 위에 이야기한 지독한 방황의 시절이 있었다.

〈돈키호테〉 中에서

내가 그토록 열심히 발레에 몰입할 수 있었던 데에는
지나간 시절에 대한 보상심리와 길거리에서 배운
독한 근성 같은 것이 작용하지 않았을까?

나는 왜 태어났을까?
- 난지도 쓰레기 더미 위로 지는 석양

서울 상암동은 현재 우리나라 디지털 미디어의 중심이지만, 지난 시절 상암동에 있던 난지도는 서울의 모든 쓰레기를 처리하는 곳이었다. 난지도 쓰레기 더미에 들어선 하늘 공원과 아파트를 보면 감회가 새롭다. 같은 장소인데 변해도 저렇게 변할 수 있을까 싶다. 하늘 공원에서 바라본 한강은 여전히 도도하게 흐르고 있다. 그때 바라보았던 한강과 지금 바라보는 한강의 노을은 여전하다. 이곳에서 지냈던 시절을 생각하면 가슴이 먹먹해진다.

나는 열아홉 살 무렵에 폐지공장에 취직했다. 서울의 고물상에서 폐지를 수집하고, 모자라는 분량은 난지도에 가서 폐지를 주워 한 트럭을 채워서 공장으로 보내는 일이었다. 항상 트럭에는 폐지가 모자랐기 때문에 일주일에 서너 번은 난지도의 거대한 쓰레기 더미를 뒤지고 다녀야 했다.

한여름 장마철에 폐지를 줍는 일은 정말 난감한 일이었다. 우산을 쓸 수 없어 우비를 입고 작업을 했지만, 거친 빗줄기가 옷 사이로 스며들어 등이 다 젖었다. 당시에는 분리수거를 하지 않던 시절이라 음식쓰레기를 비롯한 각종 생활 쓰레기들이 난지도에 산을 이루고 있었다. 비에 젖은 쓰레기를 밟고 올라가면 장화가 푹푹 빠지면서 이물질에 걸려 넘어지기도 했다. 쓰레기 더미에서 겨우 종이를 찾아 들어올리면 벌레가 뚝뚝 떨어지기도 했다. 화장실에서 쓰던 휴지를 비롯해 역겨운 악취 때문에 구토하기도 일쑤였다. 숨을 참고 코를 막아 가면서 비에 젖은 종이를 털어 한 박스 분량이 되면 끈으로 묶어 트럭에 던졌다.

난지도에서 수거한 폐지가 한 트럭 분량이 되면 안성에 있는 폐지 공장으로 향했다. 나는 충청도가 고향인 형과 함께 안성의 중앙대학교 예술대학 근처를 지나가곤 했다. 그때 덜컹거리는 트럭 안에서 보았던 중앙대 안성캠퍼스. 활기차게 등하교하는 학생들의 모습과 그들을 감싸 안고 있는 대학 건물들의 풍경은 봄날의 아지랑이처럼 아련했다. 그들이 호수가의 백조라면 시궁창에 빠져 있는 미운오리새끼가 나였다.

그때 내가 바라 본 세상은 쓰레기 더미와 같았다. 난지도의 쓰레기

산에 있으면 처음엔 지독하던 악취도 점차 적응이 된다. 간혹 쓰레기에서 귀중품들이 발견되기도 한다. 사람도 마찬가지가 아닐까, 거리를 두고 보지 않으면 내가 나를 보지 못하는 것이다. 나는 쓰레기가 아니고, 귀중품일 수도 있다. 하지만 명품이라고 해도 쓰레기 속에 있으면 쓰레기로 여겨지는 것이다.

내가 쓰레기가 아니고, 잘못 던져진 보석임을 알아보고 누군가가 그것을 주워 제자리에 돌려놓으면 명품이 된다.

그해 추석 즈음이었다. 거리에는 사람들이 선물 꾸러미를 들고 오고갔다. 직원들도 고향에 가지고 갈 선물을 챙기면서 다들 들떠 있었다. 나 역시 명절 분위기 때문인지 문득 마음 한구석이 허전해졌다. 나는 난지도 쓰레기 산에서 폐지를 줍는 손길을 멈추고 쓰레기 언덕을 천천히 걸어 올라갔다. 한 차례의 폭우가 지나간 청명한 하늘에 석양이 지기 시작했다. 나는 우비를 벗어 젖은 몸을 털어 말리면서 한강에 물드는 거대한 일몰을 바라보았다. 처음엔 아름다운 풍경에 푹 빠져서 아무 생각이 없었다. 그러다가 이런 생각이 문득 들었다.

"나는 왜 태어났을까?"

과연 내가 왜 태어났을까? 주위에는 아무도 없었다. 바로 나 자신에게 나는 또 다시 물었다. 너는 도대체 왜 태어났니? 곰곰이 생각해도 알 길이 없었다. 어린 시절 선생님께 받은 상처 때문에 세상을 불신하고, 길거리를 쏘다니면서 나는 무엇을 보고 무엇을 했단 말인가? 내가 응시하고 있던 석양도 그 질문에 대답해 주지 않았다. 그저 묵묵히 시간의 흐름에 따라 노을만 더 짙어지고 자기 갈 길을 가고 있었다. 사방이 어둑해질 무렵, 문득 어머니가 떠올랐다. 어머니는 이렇게 말하시곤 하셨다.

"내 아들 원국아, 네가 세상에 태어난 이유는 말이다. 네가 꼭 해야 할 일이 있기 때문이란다."

처음으로 나는 나의 본 모습을 보았다. 길거리에서, 만화방에서, 시장통에서, 나이트클럽에서 떠돌아 다녔던 나의 청춘을 되돌아본 때가 열아홉 살이었다. 중학교 1학년 열세 살에 시작된 나의 방황이 거대한 석양의 무양이 되어 자신의 마침표를 찍고 있었다.

그 길로 난지도에서 내려와 집으로 돌아가고 싶었지만 용기가 나지도 않고, 알량한 자존심 때문에 며칠을 더 버티다가 집으로 전화를 걸었다. 몇 번의 신호음이 울리자 그날따라 아버지가 전화를 받으셨다.

"여보세요"

"…"

"여보세요, 여보세요?"

"아버지. 저 국입니다."

순간 아버지는 멈칫하시는 것 같았다. 아주 짧은 침묵이 지나가고 아버지가 목청을 가다듬으면서 말씀하셨다.

"그래, 원국이냐? 어쩐 일이냐?"

"아버지…, 저… 집으로 돌아가겠습니다."

"그래… 집에 온다고… 이놈의 자식이… 어서 와라."

수화기를 내려놓고 한동안 그 자리에 서 있었다. 아버지의 목소리가 귀에서 맴돌았다. 나는 그 길로 서울역에서 기차를 타고 부산으로 향했다. 기차보다 먼저 내 마음이 더 빠르게 철로를 달리고 있었다. 잦은 가출로 집에 돌아와도 별 반응이 없으셨던 아버지는 부산역에 나오셔서 눈물을 흘리면서 나를 맞아주셨다. 그 곁에서 어머니가 아무 말씀도 없이 나의 손을 꼭 잡으시고, 그저 고개를 끄덕이면서 눈시울을 붉히셨다.

"배 안 고프니?"

"…"

"어서 집에 가서 밥 먹자."

"예."

내가 완전히 집으로 돌아가겠다는 전화를 받으신 후 아버지는 많은 생각을 하신 것 같았다. 아마도 이제 당신의 자식이 20대로 접어드니 철이 들었나 싶기도 하셨을 것이다. 그날 과묵하고 엄하셨던 아버지가 보여주신 눈물은 가족들이 고통을 감내하고 묵묵히 같은 자리에서 아들을 기다려준 마음이었다. 나는 그렇게 집으로 완전히 돌아왔다.

발레 연습실에는 바가 설치되어 있다. 벽에 붙어 있는 바를 잡고 가장 기본적인 연습을 한다. 움직이는 몸을 바에 의지하고 동작을 반복한다. 바는 항상 그 자리에 있다. 그 바를 잡는 것이 댄서로서의 시작이다. 방황하는 나에게 집은 발레 연습실의 바와도 같았다. 이러 저리 흔

들리는 나를 잡아주는 바, 바로 항상 그 자리에 있었던 부모님의 사랑
이었다.

그동안 비바람 부는 날 길거리의 종이박스처럼 나는 여기저기를
떠돌아 다녔다. 고등학교 2학년 때 휴학을 해서 그나마 학교를 다니지
도 않게 되었으니 나를 규율하는 것은 어느 것도 없었다. 그때 왜 그렇
게 방황을 했을까? 그때는 학벌 중심의 사회적 분위기가 견디기 힘들
었다. 아버지가 언론인으로 우뚝하시니까 자식인 나에게도 거는 기대
가 컸다. 학생은 공부를 해야 한다. 서울대를 가야 한다. 이런 식의 말
들은 나를 억압하는 괴물들이었다. 왜 어른들은 자신들이 가본 길만을
나에게 강요하는가? 인생엔 다양한 삶의 방식이 있는데….
나는 사회와 어른들이 정해놓은 틀을 거부했다. 책상 앞에 앉아 견
디는 인내력이 부족했다. 반대로 돌아다니고 몸 움직이는 걸 좋아했
다. 앞에서도 이야기를 했지만 비행 청소년이 되지도 못했다. 송정 해
수욕장 아저씨의, 넌 깡패가 될 수 없다는 말이 맞다. 나는 그저 방황하
는 아이, 여기저기 돌아다니면서 세상을 기웃거리는 청소년이었다. 그
사이에 작은 체구였던 몸이 점점 자랐다. 중학교 시절에는 친구들에
비해 왜소한 편이었는데, 고등학교에 들어오면서 180센티미터 이상
으로 성장하고 어깨는 넓어졌다. 하지만 이러한 몸의 성장과는 별개로
내 영혼은 항상 목이 말랐다.

〈분홍신〉 中에서

사방이 어둑해질 무렵,
나는 문득 어머니가 떠올랐다.
어머니는 이렇게 말하시곤 하셨다.

내 아들 원국아,
네가 세상에 태어난 이유는 말이다.
네가 꼭 해야 할 일이 있기 때문이란다.

어머니

- 국아, 무용 한번 해 볼래?

부모님들은 한평생 정직하고 열심히 살고 계신다. 아버지(이해원. 75)는 평생 언론인으로 사셨고, 어머니(김금자. 74)는 우리 전통문화인 지승紙繩공예가이셨다. 지승공예는 한지로 끈을 꼬아 작품을 만드는 공예이다. 한지를 2cm 정도의 넓이로 길게 잘라 손으로 말아서 꼰 끈 두 가닥을 다시 겹쳐 꼬아 겹줄을 만들면 두 개의 다른 색상이 서로 교차한다. 먼저 겹줄로 기본인 씨줄을 만들고 그 줄에 외줄로 날줄을 하나씩 엮어 가면서 작품을 완성해 간다.

한지를 한 올씩 말아 작품을 만드는 데는 인내력과 집중력이 필요하다. 애기장을 만드는 데 1년이 걸리기도 한다. 때론 밤을 새워 작업을 하셨던 어머니. 어머니는 그렇듯 작품에 전념하셨기에, 가출한 아들이 돌아오기를 기다리시면서 그 시간을 견딜 수 있었다고 하신다.

세상의 모든 꽃들은 아름답다지만 꽃을 피우려면 어둠이 필요하다고 어머니는 말씀하신다. 사람에겐 누구나 장점이 있고, 그 장점을 살려야 한다고 강조하신다. 내가 나를 사랑하는 방법을 몰라 방황하고 있을 때, 항상 그 자리에서 기다려 주었고, 손을 잡고 내가 갈 길을 찾아 주셨다.

어머니는 지승공예 전문가로서 부산에서 아버지와 박물관도 운영하고 계신다. 내가 밖으로 겉돌면서도 제자리를 찾을 수 있었던 것은 부모님들의 보살핌과 가르침 때문이었다. 하지만 난지도에서 돌아온 나는 무엇을 할 것인지 갈피를 잡을 수가 없었다. 방황을 끝내고 막상 집에 돌아왔지만 내 인생의 뚜렷한 목적이 없었다.

나는 이리저리 기웃거리면서 내가 갈 길을 찾고 있었다. 어머니의 권유로 서예, 미술, 피아노와 운동을 하면서 살았다. 서예학원에 가서 내가 붓글씨를 쓰는 모습을 보고 선생님이 칭찬을 해주시기도 했지만, 그 길은 아닌 것 같았다. 공부는 여전히 미련이 없었다. 우리나라에서 공부를 하지 않으면 별로 할 게 없다는 사실을 그 시절에 잘 알고 있었기에 미래에 대한 막연한 불안감이 없었던 것은 아니나, 애써 아랑곳하지 않았다. 그러던 어느 날, 어머니가 말씀하셨다.

"국아, 너 무용 한번 해볼래?"

"무용이라고요? 남자가 무슨 무용을 해요."

그땐 정말 그랬다. 남자가 무용이라니, 그게 무슨 소린가 싶었다. 무용은 여자들이 하는 것이 아닌가. 다른 사람도 아니도 내가 무용이라니 어머니의 말씀은 뜬금없는 소리로 들렸다. 사실 지금도 남자가 무용을 한다면 좀 별스럽게 보는 사람이 있다. 부산에서 거친 남자들의 세계에서 살았던 청년 시절에 나는 단박에 거절했다. 남자가 무슨 무용인가 말이다. 어머니가 별 소리를 다하신다 싶었다.

1년 후, 나는 스무 살이 되었다. 인간의 나이테는 10년을 단위로 굵은 선을 긋는다는 생각이 든다. 어머니가 또 말씀하셨다.

"국아, 너 발레 한번 안 해볼래?"

"발레? 엄마! 발레는 그거 남자가 타이즈 같은 거 입고 망측스럽게 뛰어 다니는 거 아니에요. 관객들 앞에서 사나이가 그게 할 일이에요? 나도 지금 생각하고 있는 게 있으니 조금만 기다려 보세요."

"그게 뭔데?"

"하여간 있어요."

나는 이 상황을 벗어나고 싶어 대충 얼버무리고 있었다. 그때 엄마가 다시 말씀하셨다.

"그러면 학원이라도 한번 가 보자."

"엄마!"

"내가 이렇게 부탁한다."

"아이고, 정말로. 도대체 왜 이러시는 거예요?"

이번에는 무용이 아니고, 발레라고 말씀하셨다. 왜 나에게 발레를 권하신 것일까? 어머니는 조간신문에서 한국 무용을 하는 남자 댄서 기사를 보셨던 모양이다. 댄서가 실력을 인정받고, 병역 혜택도 받아 예술계에서 자기 자리를 찾았다는 내용이었다. 어머니는 그 남자 댄서에게서 매력을 느끼신 것이었다. 학원으로 가는 버스 안에서 어머니는 그 이야기를 나에게 해 주셨다. 어머니의 눈에 나도 모르는 나의 재능이 보인 것인지도 몰랐다. 외골수로 얽매이는 걸 싫어하고, 몸을 움직이는 걸 좋아하니 저 길이 아들의 길이다 싶으신 것인지도 몰랐다. 나는 어머니가 두 번씩이나 춤을 권하는 바람에 거절하기가 힘들었다.

'그래, 어머니께 효도나 한번 하자.'

나를 위해 온갖 것을 알아보고 다니시는 어머니의 모습이 안쓰럽기도 했다. 그때 어머니가 나를 데리고 간 곳은 부산에 있는 〈정금화 무용학원〉이었다. 학원 문을 열고 들어가는데 연습복을 입고 있는 여자들만 있어서 당황했다. 여자 아이들이 연습용 타이즈를 입고 발을 쭉쭉 뻗어 올리는 것이 민망스럽게 보여 시선을 어디에 둬야 할지 몰랐다. 나는 홍당무가 된 얼굴로 멍하니 서 있었다.

심지어 무용학원의 30여 명의 수강생 중에서 남자는 나 혼자여서 부끄럽기까지 했다. 처음엔 여자들만 있는 학원에서 얼마나 견더낼 수 있을까 싶었다. 주위에서도 남자가 무슨 발레냐고 하기도 했지만, 어머니와의 약속을 지킨다는 마음으로 하루에 2시간씩 발레 교습을 받았다.

나는 처음 두 달 동안 학원에 다니면서 발레를 그만둘 생각만 했다. 어머니 눈치를 보고 있다가 적당한 시기에 그만두려고 했지만 발레리노 신무섭을 만나 발레에 흥미를 느끼기 시작했고, 콩쿠르에 나갈 생각을 했다. 지금은 오랜 친구가 된 신무섭과 함께하면서부터는 점점 발레에 빠져들었다.

첫 번째 난관이 닥쳤다. 머리로는 이해가 되는데 몸이 따라주질 않았다. 이미 몸이 굳어 있어 유연성이 많이 떨어졌다. 학원에서 레슨을 마치고 집으로 돌아와서는 다리를 벌리고 찢는 연습을 했다. 이미 굳어버린 다리 근육은 잘 벌어지지 않았다. 내가 바닥에 앉아 두 다리를 벌리면 어머니와 누나가 내 다리를 한쪽씩 잡고 내 등을 동생이 타고 눌렀다. 그런 상태로 기를 쓰고 참다가 너무 고통스러워 울기까지 했다. 수건을 입에 물고 소리를 참으면서 울면 눈물이 마룻바닥에 떨어졌다.

온몸이 찢어지는 고통에 내가 우는 모습을 보고 어머니도 울었고, 덩달아 동생도 울었다. 가장 기본적인 스트레칭을 하면서 온 집안이 울음바다가 되었다. 아버지는 우리들의 모습을 지켜보시다가 안쓰러운 마음이 들어 더 이상 바라보지도 못하셨다. 홀로 허공에 담배연기를 뿜으면서 남몰래 눈물을 흘리셨다. 온 가족이 발레 조력자가 되어 내가 지쳐 쓰러지면 다정하게 손을 잡고 일으켜 세워 주었다.

훗날 유니버설발레단Universal Ballet 시절에는 몸을 유연하게 만들기 위해 식초를 먹기도 했다. 공복에 먹는 것이 효과적이라고 해서 소주 반잔 정도의 독한 식초를 꿀꺽 삼켰다. 자기 전에도 먹었다. 식초가 든 잔을 입에 대고 코를 막고 하루에 두 번 일정하게 먹다보니 그 냄새가 역겨워서 나중에는 식초가 들어간 음식을 먹지 않기도 했다.

발레에 관심을 가지게 되면 러시아의 디아길레프Sergei Pavlovich Diaghilev라는 이름을 자연스럽게 만나게 된다. 그가 현대 발레에 끼친 영향은 실로 막대한 것이었다. 이 인물의 탄생에 결정적인 역할을 한 사람이 바로 그의 어머니(친모는 산후조리의 과정에서 돌아가시고, 계모)였다. 그와 어머니의 일화 중에서 이런 일이 있다. 디아길레프가 좌절감에 빠져서 '나는 할 수 없어!'라고 말하면, 어머니는 아들에게 단호하게 말했다.

"네가 잊어야 할 것이 바로 그거다. '나는 할 수 없어.' 이 말을 잊어야 한다. 우리가 하고자 한다면 불가능이란 없단다."

이후 디아길레프는 그 말대로 살아갔다. 그가 하고자 한다면 적어도 발레에서만큼은 불가능한 것이 없었다. 경우는 다르지만 나의 어머니도 디아길레프의 어머니와 같은 마음으로 나를 사랑으로 품고 강하게 키우셨다.

어머니…, 고맙습니다.

〈스파르타쿠스〉中에서

온몸이 찢어지는 고통에 내가 우는 모습을 보고
어머니도 울었고, 덩달아 동생도 울었다.
가장 기본적인 스트레칭을 하면서
온 집안이 울음바다가 되었다.
아버지는 우리들의 모습을 지켜보시다가
안쓰러운 마음이 들어 더 이상 바라보지도 못하셨다.
홀로 허공에 담배연기를 뿜으면서
남몰래 눈물을 흘리셨다.
온 가족이 발레 조력자가 되어
내가 지쳐 쓰러지면 다정하게 손을 잡고
일으켜 세워 주었다.

제2의 생일

1986년 6월 1일은 내 발레 인생의 시작일이다. 돌이켜보니 30년이 가까워지는 세월 동안 외길을 걸어왔다. 지금은 이날을 이정표처럼 바라보면서 뒤돌아보는 시간을 가지고 있다. 달력을 보면 수많은 기념일들이 있다. 광복절을 비롯해 한글날, 식목일 등등 우리는 기념일을 생각하면서 의미를 부여하고 새로운 생각을 담기도 한다. 내 인생에 의미를 던져준 시작일. 이날을 기억하고 기념하는 일은 삶의 큰 힘이 된다. 생일이나 결혼기념일 외에 자신만의 특별한 기념일을 하나 정도 만들어 두는 것도 의미가 있는 일이다. 나는 이날을 제2의 생일로 여기고 있다.

발레를 시작한 후 길거리에서 보내는 시간이 줄어들었고, 연습실에서 발레 친구들만을 만나게 되었다. 발레는 발레리나들의 춤이고, 남성 댄서의 역할이 많지 않다고 생각했지만, 실제로 교습을 받으면서 남자와 여자가 각자 역할이 서로 다른 것이지 비중에서 차이가 있는 건 아니라는 점을 알게 되었다.

내가 발레를 시작하고 3개월이 지나 만난 후배는 신무섭이다. 나보다 세 살 아래인 무섭은 발레를 하는 남자라는 사실만으로도 반가운 사람이었다. 이심전심이었는지 무섭도 나를 잘 따랐다. 나는 무섭에게 발레를 배웠고, 무섭은 나에게 인생을 배웠다. 우리는 서로에게 부족한 것을 채워주는 친구처럼 지냈다.

우리 둘은 학원이 끝나면 비디오를 보고 연습을 하곤 했다. 무섭의 집에 가니 발레 공연 비디오가 있었다. 우리는 화면을 보고 발레리노들의 동작을 따라하는 연습을 반복했다. 그때 본 외국 발레단의 공연 모습은 환상적이었다. 역동적인 댄서들의 회전과 도약 그리고 연기를 보면서 우리는 감탄했다. 특히 영국의 로열발레단The Royal Ballet의 발레리노 앤서니 도월Anthony Dowell의 공연 모습을 보고는 나도 저렇게 되고 싶다는 자극을 받았다. 그건 무섭도 마찬가지였다. 우리는 텔레비전 앞에서 이렇게 대화를 나누었다.

"야, 정말 대단한데요."

"얼마나 연습하면 저렇게 될까?"

"그리게 말입니다. 야, 정말 멋지네요."

"한번 따라해 보자."

발레 초년생이었던 우리들은 세계적인 발레단의 공연과 화려한 무대가 신기하기만 했다. 특히 남자 댄서들이 두 바퀴나 세 바퀴 회전을 하는 것이 아니라 여섯 일곱 바퀴까지 회전하는 모습을 보면서 눈이 번쩍 뜨였다.

이렇게 우리는 비디오를 보면서 남성 댄서의 테크닉을 습득했다. 우리들은 좁은 방안에서 비틀거리며 회전을 하다가 벽에 부딪쳐 넘어지기도 하고, 내가 다리를 돌리다가 무섭의 팔을 차기도 했다. 그래도 즐거웠다. 우리는 오뚝이처럼 일어나 화면 속의 주인공처럼 음악에 맞추어 연습을 했다. 그날 집에 돌아가서도 비디오테이프에서 본 동작을 연습하다가 탁자에 있는 컵을 깨뜨리기도 했다. 저녁식사를 준비하던 어머니가 쓰러지려는 나의 손을 잡아 주면서 칭찬을 해 주기도 하셨다.

"야, 우리 원국이 잘 한다 잘 해. 한 바퀴만 더 돌아 봐라."

"정말로?"

"그럼, 우리 아들 발레 천재다 천재!"

"정말이에요?"

"우리 아들이 최고다."

어머니의 눈물겨운 격려를 들으면서 거실에서 연습했다. 잠자리에 들면 꿈에서 발레리노들이 날개를 달고 무대를 날아오르는 장면이 펼쳐졌다. 나는 계속 따라했다. 그들처럼 움직이고 싶었다.

발레를 배운 지 3개월이 지난 어느 날 나에게 공연 기회가 왔다. 나는 개인 발레단의 군무로 참가해 춤을 추면서 객석과 관객, 조명장치와 주연 댄서들의 화려한 동작을 보았다. 무대는 연습할 때와는 많이 달랐다. 비로소 공연 무대의 맛을 알게 되었다. 작은 공연을 마치고 집으로 돌아오면서 이제부터는 발레를 위해서라면 뭐든 할 수 있겠다는 투지가 불타올랐다. 남자가 어떻게 무용을 하냐는 생각은 멀리 달아나 버리고 내 머릿속에서는 무대와 댄서의 아름다운 동작들이 움직이기 시작했다.

어느 날 국립발레단의 〈백조의 호수〉 부산 공연을 관람하게 되었다. 발레 공연을 객석에 앉아 관람하면서 주인공 발레리노의 멋진 동작에 혼이 나가 버렸다. 발레를 배우고 나서 처음으로 본 〈백조의 호수〉는 환상적인 무대였다. 나도 언젠가는 화려한 무대에 서서 주인공으로 춤을 출 수 있을까 생각했다.

그 공연 다음날, 그러니까 1986년 6월 1일. 그날은 일요일이었는데 정금화 선생님께서 지금 빨리 당신의 집으로 오라고 전화를 하셨다. 나는 서둘러 선생님 댁으로 찾아갔다. 내가 현관문을 열고 들어가자 어제 공연에서 〈백조의 호수〉의 왕자 역을 했던 주인공이 잠옷 차림으로 거실에 앉아 있었다. 국립발레단의 수석발레리노 김긍수였다. 나는 얼떨결에 그 분에게 인사를 했다.

"긍수씨, 원국이가 재능이 있어 보여요?"

"이 친구가 이원국이군."

김긍수 선생님은 나를 친친히 살펴보더니 고개를 끄덕이면서 비소 지으셨다. 그날, 내 인생에 전환점이 찾아왔다. 김긍수 선생님과 부인이신 발레리나 김옥선 선생님께 인사를 드리고, 엉거주춤하게 서 있는 나를 보고 선생님께서 말씀하셨다.

"너…, 나에게 발레 배워 볼래?"

"예, 선생님."

"부산에서 1주일에 한 번씩 서울에 올라 올 수 있겠니?"

"예, 그럼요. 잘 부탁드리겠습니다."

"그래, 우리 한번 잘 해 보자."

"예, 열심히 하겠습니다."

그때부터 나는 매주 서울로 올라가 김긍수 선생님 부부로부터 레슨을 받았다. 난생 처음으로 남성 댄서에게 배웠다. 서울 합정동에 있는 한국무용학원에서 연습을 했는데 발레 바가 없어서 북이나 장구로 중심을 잡고 기본 동작을 연습했다. 그래도 나는 신나게 연습했다. 장소는 중요하지 않았다. 내가 국립발레단의 주역에게 발레를 배운다는 사실만으로도 행복했던 시절이었다.

나는 고치에서 벗어나 새로운 세상을 보게 되었다. 선생님은 초보자들이 1분 정도 하는 솔로를 2분 이상 하는 나의 근성을 보고 즐거워하셨다. 어느 날 선생님이 말씀하셨다.

"발레를 계속하려면 대학에 가야 한다. 너는 발레 기본기가 부족하기 때문에 더 필요해. 어서 고등학교에 복학하고 진학 준비를 해라."

기본기가 부족하다는 말은 나의 아킬레스건이다. 이걸 극복하기 위해서 나는 지금도 기본기 동작을 반복 연습한다. 하늘에서 들려오는 음성처럼 들렸던 선생님의 말씀대로 나는 고등학교 3학년으로 복학했다. 학교에서 다시 들어갔지만 책상에 앉아 있는 시간보다는 춤추는 시간이 더 많았다. 학생들이 실습을 나가면 나는 선생님들의 배려로 서울에 레슨을 받으러 다니면서 대학에 들어갈 준비를 했다. 모든 것이 발레를 중심으로 돌아가고 있었기 때문에 정신이 없었다.

내 인생이 발레를 만나 조금씩 정리되는 기분이 들었다. 그건 마치 얽힌 실타래를 풀어내는 일과 비슷했다. 뒤엉킨 실타래는 잘 풀릴 것 같지 않다. 하지만 매듭을 잘 골라 서두르지 않고 집중하면 실타래는 술술 풀리기 마련이다.

현재 이원국발레단에서 클래스를 할 때도 매우 빠르게 말하고 포인트를 짚어 '빨리 빨리'를 강조한다. 그런데 신기하게도 나는 실타래나 끈을 잘 풀어내는 재주가 있다. 실타래를 풀어낼 때는 차분하고 집요하게 집중한다. 어머니의 집중력과 인내력을 닮아서 그런가 싶기도 하다. 기본기 연습에서 가장 필요한 것이 집중력이다. 나는 선천적으로 집중력은 타고 났다. 이것은 나에게 큰 희망이었다.

야, 우리 원국이 잘 한다 잘 해.
한 바퀴만 더 돌아 봐라.

정말로?

그럼, 우리 아들 발레 천재다 천재!

정말이에요?

우리 아들이 최고다.

어머니의 눈물겨운 격려를 들으면서
거실에서 연습했다.

제 7 회
부산 창작 발레단
86. 10. 15-16. PM

〈바보 온달〉 中에서

청춘, 날개를 달다

1987년 겨울이었다. 면목동에 김긍수 발레학원이 오픈되었다. 학원의 1호 제자로 등록했고 이후 두 명의 남성 댄서가 들어왔다. 그들은 윤정근과 윤기수였다. 나는 경기도 구리에 있는 이모 집에서 신세를 지면서 하루 종일 발레학원에서 살았다. 새벽별을 보면서 집에서 나와 학원의 문을 열고 개인 연습을 하고 오후에는 김옥선 선생님께 지도를 받았다. 두 선생님의 지도 스타일은 완전히 달랐다. 김긍수 선생님은 호방하고, 김옥선 선생님은 섬세하셨다.

김긍수 선생님은 항상 기본기를 강조하고 같은 동작을 반복하게 했다. 한 동작을 천천히 반복하는 레슨은 힘들고 지루했다. 예를 들면

한 동작을 4초 이상 유지하면서 천천히 움직이면 어떤 순간에는 미쳐 버릴 것만 같았다. 그런 나의 마음을 알았는지 선생님은 이렇게 말씀하셨다.

"원국아, 넌 기본기가 아직 부족하니까 남들보다 서너 배는 더 노력해야 된다."

"다리를 더 펴라."

"정확하게 움직여. 팔 동작이 흔들린다. 고개를 위로 들어라."

한마디 한마디가 추상과 같았다. 내가 게으름을 부리면 회초리를 들기도 하셨다. 선생님의 마음에 들 때까지 같은 동작을 반복하는 고통스러운 시간을 보내다가 4시가 되면 수업이 끝난다.

저녁 6시부터는 김옥선 선생님의 수업시간이었다. 선생님은 주로

신나게 작품 연습을 시키셨다. 오후에 긴장했던 마음이 풀어지면서 즐겁게 연습했다. 그때 두 분이 발레 역할 분담을 하면서 레슨을 하신 것인지도 모르겠다. 한 분은 엄하게 한 분은 자애롭게 훈련을 시키기로 두 분이 서로 상의하신 것은 아닐까. 따로 여쭈어 본 적은 없지만 그런 느낌이 든다.

이원국발레단의 레슨을 하면서 지금에야 이해가 되는 부분이 있다. 레슨을 할 때는 때론 차갑게 때론 따뜻하게 해야 한다. 발레는 남성과 여성 댄서로 이루어진 무용이고, 따라서 고도의 테크닉과 풍부한 감성이 서로 어울려야 좋은 공연이 나오기 때문이다.

그 해 겨울 KBS 무용 공쿠르에 출전했다. 출품 작품은 〈해적〉이었다. 이 콩쿠르에는 발레를 비롯한 한국무용, 현대무용 등 다양한 분야의 무용수들이 출전했다. 참가자들은 어려서부터 무용을 한 유망주들이었다. 나는 무대 위에서 그동안 연습한 기량을 모두 보여주었다. 그때 나는 바리아시용(솔로)을 하고 나서 바로 코다(남녀가 함께)로 들어가 모든 과정을 소화했다. 한 무대에서 솔로와 코다를 이어서 한다는 건, 달리기 경주에 비교하자면 100미터를 전력질주하고 바로 같은 라인의 400미터를 다시 전력질주하는 셈이다.

내 무대가 끝나고 대기실로 내려오면서 특별히 실수한 것이 없어 만족스럽게 생각했다. 이젠 결과를 기다리는 시간이 남았다. 심사 결과 발표 시간이 되자 가슴이 두근거리기 시작했다. 심사위원들은 나의

〈해적〉 中에서

춤을 어떻게 평가했고, 과연 어떤 결과가 나올 것인가?

나는 심사위원들의 만장일치로 대상을 받았다. 발레를 시작한지 1년 3개월 만에 나에게 돌아온 세상의 '칭찬'이었다.

"이원국, 너 발레 잘 한다. 앞으로 더 열심히 해라"

하고 세상이 나에게 말을 걸어왔다.

콩쿠르 발레 부문에서 내가 대상을 수상하자 의외의 결과에 놀라는 표정들이었다. 생애 첫 대회에서 나는 커다란 성취감을 맛보았다. 이런 거구나, 이것이 뭔가를 이룬 사람의 기분이구나 싶었다. 그리고 그 누구보다도 어머니가 기뻐하셨다. 이제야 내 아들이 제 갈 길을 찾았구나, 하는 생각을 하시면서 그동안 고생하신 일들이 눈처럼 녹아버리셨던 모양이다. 시상식을 마치고 어머니는 나의 손을 잡고 뛸 듯이 기뻐하셨다.

어머니는 바다와 같은 분이다. 그분은 항상 바다처럼 넓게 나를 품어 주셨다. 어머니는 바다이면서 동시에 등대이기도 했다. 깜깜한 밤바다를 표류하는 나를 따뜻한 불빛으로 비춰주어, 무사히 육지에 도착하게 하는 은인이신 것이다. 당신이 방황하는 아들의 손을 잡고 발레학원 앞에 데려다 놨는데, 1년 만에 돌아온 결과는 어머니의 판단이 맞았다는 증거였다.

짧은 기간이었지만, 잃어버린 시간을 만회하기 위해 연습실에서 살다시피 하면서 각고의 노력을 했다. 발레에 적합한 몸을 만들기 위해 노력했고 선생님의 지도로 한 동작 한 동작을 소화해 내면서 하루를 이틀처럼 보냈다. 때론 이미 몸이 굳어버린 것은 아닐까…, 유연성이 떨어지는 것은 아닐까…, 걱정스럽기도 했다.

어렸을 때부터 발레를 배우지 못해 머리로는 이해가 되는데 몸이 따로 움직이기도 했지만, 한계가 보일 때마다 그 바닥을 치고 올라가려고 비상을 시도하던 시절이었다. 그때 나에게 한계는 넘어야 할 작은 언덕에 불과했다. 이제부터 계속 가는 거다. 뒤돌아보지 말자. 스스로 다짐했다. 방황하고 가출하는 아들이 아닌, 연습하고 귀가하는 아들이 된 것이다. 집보다는 연습실에서 살던 시절이었지만, 가족들은 나에 대한 불안감 대신 기대감을 갖게 되었다. 어머니께 더 좋은 무대를 보여드리는 것이 그분의 은혜에 보답하는 길이었다. 어머니의 얼굴에 근심 걱정이 사라지게 하고, 그 자리에 웃음꽃을 피우게 하고 싶었다. 어머니는 그때 정말 행복하셨다고 한다.

"자, 이제부터 시작이다."

나는 비상을 꿈꾸는 애벌레에서 하늘로 날아오는 나비로 탈바꿈하고 있었다.

유홍준 교수의 말처럼 아는 만큼 보인다. 참으로 적절한 문화 비유라는 생각이 든다. 발레에 대해 알면 알수록 점점 확연하게 보이는 것들이 있었다. 댄서들의 동작 하나 하나가 신비롭고, 화면을 통해서 봐도 댄서들의 떨림과 긴장감이 느껴졌다. 발레 공연 무대에는 피나는 연습에 몰두하고, 실패와 좌절을 직접 체험한 사람들만이 알 수 있는 눈물이 있다. 스타 댄서들의 춤을 보면서 저 동작을 하기까지 얼마나 노력을 했을까 생각하면 전율이 일기도 한다. 에너지가 넘치고 힘찬 동작은 무수한 반복 연습의 결과이고, 이는 멋진 공연으로 이어진다. KBS 무용 콩쿠르 대상을 받은 나의 눈에는 이제 발레 이외에는 아무것도 보이지 않았다.

자, 이제부터 시작이다.
나는 비상을 꿈꾸는 애벌레에서
하늘로 날아오는 나비로 탈바꿈하고 있었다.

꿈꾸는 안성 캠퍼스

1988년 봄이 왔다. 나는 꽃향기를 맡으면서 중앙대 무용학과에 입학했다. 난지도에서 안성 폐지공장으로 덜컹거리는 트럭을 타고 가면서 보았던 대학생들. 먼지 풀풀 날리는 폐지공장에서 다시 난지도로 돌아갈 때 보았던 아름다운 캠퍼스였다. 동경의 대상이었던 바로 그곳에 내가 입학을 했다. 입학식을 마치고 돌이켜 생각하니 난지도에서 본 노을이 생각났다. 그때 보았던 아름다운 풍경이 나를 새롭게 태어나게 했다.

내가 중앙대학을 선택한 이유는 중대 전임강사로 계시던 김긍수 선생님의 권유도 있었지만 다른 사연도 있었다. 당시에는 세종대학교의 무용학과가 최고로 평가받고 있었다. 그런데 유명한 학교에는 훌륭한 선배들이 많기 때문에 내가 무대에 설 자리가 없을 것 같았다. 상대적으로 경쟁상대(?)가 적은 중앙대 무용학과에서 나에게 많은 기회가 주어질 거라고 믿었다.

함께 입학한 무용학과 동기들은 자유로운 대학생활을 즐기고 있었다. 청춘의 특권인 방황과 연애 등으로 달콤한 인생에 젖어 있을 때, 나는 오로지 발레 연습에만 몰두했다. 그때가 아마도 크리스마스 이브였을 것이다. 같이 연습을 하던 신무섭이 대학생이 되자 여자 친구가 생겼다. 어느 날 무섭은 여자 친구와 데이트를 하러 간다면서 연습실로 가지 않았다. 나는 무섭에게 말했다.

"가지 마라. 연습해야지."

"아니야. 형, 안 그래도 자주 만나지 못하는데, 조금만 있다가 올게."

나의 만류에도 불구하고 이미 무섭의 몸은 연습실을 빠져 나가고 있었다. 나는 다시 한 번 만류했지만 사랑하는 사람을 찾아가는 길을 막을 수는 없었다. 연습실 문을 열고 나가는 모습을 보고 있는데 눈이 내리고 있었다. 펑펑 내리는 눈 위로 무섭의 발자국이 하나 둘 찍히는 모습이 보였다. 나는 혼자 연습을 했다. 이미 레슨이 끝난 연습실에는 난방이 되지 않았다. 한기가 스며 차가운 손과 발을 호호 불면서 뛰고 달리고 돌고 멈추었다.

참으로 외롭고도 먼 길이라는 생각이 들었다. 훗날, 무섭은 그 여자 친구와 결혼해서 지금은 행복한 가정을 꾸리고 있다. 발레리노의 외로운 길에 아름다운 동반자가 있으니 좋은 일이다.

나의 대학생활은 매우 단순했다. 무늬만 대학생이었지 연습생처럼 살았다. 당시 면목동에서 살았던 나는 새벽 5시에 일어나서 6시가 되면 집에서 나와 강남고속버스 터미널로 간다. 첫차를 타고 안성 캠퍼스로 가서 9시가 되면 수업을 시작한다. 수업을 시작하기 한 시간 전에 연습실에 먼저 가서 기본기를 연습했다. 다른 수업을 건너뛰면서 오후 5시까지 연습만 했던 적도 많다.

방과 후에는 서울로 올라와서는 면목동 연습실로 갔다. 연습복 위에 큰 옷을 걸치고 가서 바로 연습을 시작했다. 통학하는 버스 안에서도 발레 동작을 연상하면서 발을 움직이고 몸을 움직였다. 망우리 연습실에서는 자정 가까이 지냈다.

세상에 나 혼자서 할 수 있는 일은 아무 것도 없다는 이야기가 있다. 하지만 혼자 해야 하는 일이 많기도 한 것이 세상살이다. 인생이란 이러한 아이러니의 연속이 아닌가 싶다. 연습은 혼자 해야 하지만 공연은 어울려서 해야 한다. 대학 생활은 연습과 공연의 반복이었다. 무대 밖에서는 밥을 먹지만 무대 위에서는 환상과 꿈을 먹었다.

대학에 가기 위해 고등학교에 복학하자 이미 스물 한 살이었다. 그

때서야 나는 내 인생의 중심점을 찾았다. 콩쿠르에서 대상을 수상하고 무사히 대학에 입학했다. 이제 겨우 바닥을 치고 올라가려는 순간이었다. 딱딱한 바닥은 도약을 하기에는 더 이상 좋을 수가 없었다. 그런데 한 고비를 넘어가니 새로운 고비가 나타났다. 바로 병역문제였다.

내가 병역 면제 혜택을 받는 방법 중 하나는 동아 콩쿠르에서 대상을 받는 것이었다. 1988년 대학 신입생이었던 나는 동아 콩쿠르에 출전해서 4등을 했다. 생각만으로 되는 일은 없다. 꿈꾼다고 다 이루어지는 것도 아니다. 거기에는 반드시 고비가 있고 좌절이 있다. 콩쿠르에서 대상을 받을 일말의 기대가 무너지고, 나는 병역 혜택을 받을 수가 없게 되었다. 이제 발레를 시작했는데 군대에서 3년을 보내고 나면…,

참으로 아득한 마음이 들었다. 뒤늦게 시작한 발레 인생에 치명타가 될 것 같아 좌절을 했던 시간이었다.

이 사실을 알고 우리집에서는 가족회의가 열렸고 동생이 말했다.

"형, 우리나라에서 남자로 태어났으면 누구나 군대는 가야 하는 거니까, 형 내가 먼저 갈게. 형은 천천히 오든지 아니면 오지 말든지 알아서 해."

"야. 미안해서 어떡하냐?"

"미안하긴 뭐가 미안해. 형은 갈 길이 먼데. 여기서 주저앉으면 안 되는 거 아닌가?"

"……."

나는 마음속으로는 녀석을 얼싸안고 고맙다고 수없이 말하고 싶었지만, 몸이 움직이지 않았다. 내 성격을 잘 알고 있는 동생이 말했다.

"대신에 형 꼭 예술가로 성공해. 어머니를 봐서라도 형이 잘되는 거 보고 싶어."

"이, 자식이 이제 다 컸네."

"뭐 이런 거 가지고 그래."

아직 어리기만 한 동생이 나를 위해 먼저 군대에 가겠다고 자진해서 나섰다. 당시 병역법에는 한 집안에서 두 명의 아들이 동시에 군대에 갈 수 없었다. 만약에 두 아들이 군에 들어가 전사라도 하게 되면 그 집안에 대가 끊어지기 때문이다. 동생의 자원입대로 나에게 3년이라는 시간이 주어졌다. 시간은 선물이라는 사실을 이때 알았다. 자신에게 주어진 시간이 얼마나 값진 것인가를 아는 순간 그 사람은 무대에서 도약하는 댄서처럼 활기차게 살게 된다.

나를 위해 서둘러 군에 입대한 동생을 생각해서라도 열심히 연습에 몰두했고, 다음해인 1989년 6월에 동아 콩쿠르에 출전했다. 비장한 마음으로 무대에 섰다. 다른 출연자들은 2인무인 '파 드 되Pas de Deux'로 출전했는데, 나는 파트너를 구하지 못해서 솔로로 참가했다.

무대 위에서는 심사위원들을 의식하지 않고 병역혜택도 생각하지 않았다. 오로지 지금 추고 있는 춤에 몰두해서 그동안 준비한 나의 모든 것을 보여주고 무대에서 내려왔다. 초조한 마음으로 결과를 기다렸다. 심사위원들이 발표를 준비하는 동안에 나는 간절히 기도하는 마음으로 기다렸다. 심사위원들은 나에게 대상을 수여했다. 콩쿠르에서 솔로로 대상을 수상한 것은 내가 국내에서는 처음 있는 일이었다. 요즘에 동생은 나에게 말한다.

"그때 형은 나의 영웅이었어."

나의 수상소식을 듣고 군에 있던 동생을 비롯해 기뻐해준 가족들이 정말 고마웠다. 가족들의 따뜻한 사랑에 대한 보답으로 받은 상이었다. 이후 발레를 하면서 크고 작은 상을 받았지만 동아콩쿠르 대상은 나에게 특히 큰 의미가 있는 상이었다. 앞으로 나아갈 길을 열어 준 고마운 일이었다.

나의 수상소식을 듣고 총장님이 나에게 학교의 명예를 빛냈다고 격려하시면서 4년 전액 장학금 지원을 약속하셨다. 나의 수상소식은 당시 문화계의 큰 이슈로 다루어졌기 때문이다. 가장 어두운 순간에 새벽이 온다고 했던가. 불과 얼마 전만 해도 깜깜절벽에 서 있는 것 같았던 상황이었지만, 내가 무대에서 춤을 추자 세상이 나를 향해 문을 열어 주었다.

　　여담이지만, 그 다음해에 후임 총장님이 부임을 하셨는데 나의 장학금 지원이 서류상으로 작성된 것이 아니어서 지불할 수 없다는 이야기가 들렸다. 나는 새로 부임하신 총장님을 찾아뵙고 전임 총장님과의 일과 장학금과 관련한 일들의 전후 사정을 말씀드렸다. 총장님은 흔쾌히 전 총장님의 약속을 지키겠다고 하셨다.

　　일이라는 게 그렇다. 특히 돈과 관련된 일은 참으로 묘한 구석이 있다. 그래서 친구 어머니가 한 말씀, 돈은 내 손에 들어와 만져보아야 내 돈이라는 말이 실감이 났다. 하긴 돈만 그런 것이겠는가? 사랑도 그렇고 우정도 그렇다. 모든 것이 불확실하고 예상대로 되지 않기도 한다. 하지만 그런 고비가 없다면 인생에 재미가 없을 것이다. 중요한 것은 항상 마음의 중심을 잡고 자기 길을 가는 것. 그러다 보면 온 우주가 나를 향해 기운을 몰아주는 순간이 오기 마련이다.

1988년 봄이 왔다.
나는 꽃향기를 맡으면서 중앙대 무용학과에 입학했다.
동경의 대상이었던 바로 그곳에 내가 입학을 했다.
입학식을 마치고 돌이켜 생각하니 난지도에서 본 노을이 생각났다.
그때 보았던 아름다운 풍경이 나를 새롭게 태어나게 했다.

〈해적〉中에서

젊은 발레리노의 죽음

발레를 하면서 많은 사람을 만났다. 무대에 서면 그림같이 아름다운 발레리나도 보았고, 뛰어난 기량의 발레리노도 보았다. 무대 밖에서는 기업의 CEO를 비롯한 사회의 저명인사들도 만났다. 모두가 소중한 사람들이었다. 그 사람들 가운데 내가 각별하게 아꼈던 후배가 있었다. 그의 부재는 소나무에 깊게 패인 옹이처럼 내 인생에서 지워지지 않는 상처이기도 하다. 지금도 그를 생각하면 가슴이 저릿저릿하다.

지금 내 가슴에 묻어둔 그의 이름은 송정근이다. 정근과 나는 발레 초년생 시절 면목동에서 같이 자취하면서 연습하던 사이였다. 당시 예술학교 학생이었던 정근의 도시락을 싸 주기도 하면서 그를 친동생처럼 대했다. 대학에 진학해서도 안성 캠퍼스에서 서울로 올라오면 바로 연습실로 가 같이 연습을 하던 정근. 앞으로 세계적인 댄서가 되겠다는 생각으로 그를 각별하게 생각했다. 우리는 같이 성장하고 있었다. 훗날 발레 스타가 되어 국제적인 무대에서 활동하자는 약속도 했다.

나와 송정근, 신무섭은 발레 삼총사처럼 항상 어울려 다녔다. 어느 날이었다. 점심 식사를 마치고 연습실로 가고 있는데 송정근이 가슴이 아프다면서 뒤로 처졌다. 서로 장난을 치던 철없던 시절이라 나는 대수롭게 생각하지 않았다. 내가 뒤돌아보자 무섭이 정근을 보고 말했다.

"야, 장난치지 마."

정근은 가슴을 만지던 손을 떼고서 씩 웃으면서 말했다.

"그래, 그래 괜찮아."

"이 자식들아, 빨리 사람이 되고 싶은 곰처럼 굴로 기어들어가자. 장난 칠 시간 없다."

나 역시 대수롭게 여기지 않았다. 그땐 뛰어난 테크닉을 자랑하고 체력이 좋아 무쇠다리를 가지고 있는 정근이 엄살을 부리는 줄 알았다. 그가 아플 거라고는 조금도 생각하지 못했다. 나는 정근과 연습하면서 그의 테크닉을 배우기도 했다. 후배지만 배울 것이 많은 무용수였다. 그런 일이 있고 나서 우리들은 늘 그랬듯 연습실에서 여느 날과 다름없이 연습했다. 정근은 그날도 여전히 파워 넘치는 모습이었다. 밤 늦게까지 연습하고 집으로 가면서 나는 정근에게 말했다.

"너는 뭘 먹어서 그렇게 힘이 좋냐?. 이 허벅지 봐라 이거. 여기에 철근을 박았냐? 오늘은 뭐 먹었냐? 나한테만 살짝 알려주라."

"밥!"

"녀석 싱겁기는. 그건 그렇고 네가 오늘 한 동작은 참 멋졌다. 나중에 무대에서 우리 라이벌이 되겠다. 이놈 이거 무서운 놈이야."

우리들은 그렇게 그날 밤 각자의 집으로 돌아갔다. 골목길로 들어서는 정근이가 뒤로 돌아서면서 다시 한 번 인사했다. 그리고 어두운 골목길을 빠져 나갔다. 그래 내일 보자. 나는 그날따라 더 멋져 보였던 녀석의 뒷모습을 우두커니 바라보다가 집으로 갔다.

다음날 자정 무렵에 나를 찾는 전화가 왔다. 신무섭의 전화였다. 전화를 잘 안 하는 녀석인데 무슨 일인가 싶었다. 수화기를 드니 이런 소리가 들렸다.

"형, 정근이가 죽었어."

"에이. 무슨 소리야. 장난치지 마라."

"형, 정말이야. 여기 병원이야."

"뭐야?"

갑작스러운 후배의 부고는 아득하게 멀리서 들리는 북소리 같았다. 나는 수화기를 떨어뜨리고 서둘러 장례식장으로 달려갔다. 정말 어처구니가 없는 일이었다. 정근의 영정사진 앞에서 나는 망연자실 넋을 잃었다. 이게 도대체 무슨 일인가 싶었다. 지금 생각해도 꿈을 꾸는 것 같다. 하지만 그건 비정한 현실이었다.

정근은 병무청에 서류를 떼러 가는 길에 쓰러져 그 자리에서 심장 마비로 급사했다. 평소 정근의 건강상태로 보아 믿어지지 않는 일이었다. 세상이 뭐 이런가? 발레 인생 초반에 만나 동생이자 친구처럼 지냈던 정근의 죽음. 그날 나는 처음으로 발레 연습실에 가지 못했다. 지금까지 발레를 하면서 어떤 경우에도 발레를 쉬어 본 적이 없는 나는, 그때 처음이자 마지막으로 발레 슈즈를 벗고 통곡했다.

하늘나라에서 천사들과 함께 무대에서 공연을 하고 있을 정근에게 지금 이런 이야기를 해 주고 싶다. 그동안 네가 지상에서 하고 싶었던 것들을 내가 하고 있다. 더불어 발레 무대를 떠난 후배와 친구들 제자들에게 이런 말도 하고 싶다.

'끝까지 무대에 남아서 너희들이 못한 거… 내가 다 한다. 약속한다.'

끝까지 무대에 남아서 너희들이 못한 거…
내가 다 한다. 약속한다

제 2 막

너의 진짜 스승은
바로 너다

그것은 우연이었을까?

나는 대학 4학년 시절에 국립발레단의 〈레퀴엠Requiem〉(1992년 作) 주역으로 프로 무대에 데뷔했다. 이 공연에는 A팀에 최태지와 문병남, B팀에 박경숙과 이원국 두 팀이 주역으로 선발되었다. 당시 대학생이었던 나에게 이런 무대가 주어질 줄은 전혀 예상하지 못했다. 그렇다고 우연히 그렇게 되었다고 하는 것도 적절하지 않다. 내가 선발된 데는 뭔가 이유가 있는 것 같다.

평소에 학교 수업이 없는 날이면 국립발레단 클래스에서 연습했다. 그날도 여느 날처럼 연습을 하고 있었다. 그때 누군가 유심히 나를 지켜보고 있다는 느낌이 들었는데, 낯선 외국인 노인이 다가와서는 몇 가지 발레 동작을 해 보라고 했다. 발레 전문 용어를 쓰는 것으로 보아 국립발레단에 온 외국인 안무가가 아닐까 짐작하면서 그가 지시하는 발레 동작을 선보였다. 그는 만족스러운 표정을 짓고 그 자리를 떠났다.

나중에 안 사실이지만 그것은 비공개 오디션이었다. 그때 국립발레단에서 준비하고 있던 레퀴엠의 주역을 정하기 위한 오디션. 단원들에게 사전에 통보하지 않고 국립발레단의 발레 마스터와 함께 클래스를 하고 있는 댄서들의 오디션을 본 것이다. 나도 모르게 큰 무대의 주역으로 선정되는 과정은 이렇게 단순하고 간단했다.

〈레퀴엠〉은 모차르트의 음악을 발레로 만든 작품이다. 한 인간의 어린 시절과 청년시절, 그리고 장년의 모습을 웅장한 음악을 배경으로 춤추는 발레 대작으로 전 세계의 공연계를 떠들썩하게 한 작품이었다. 이 공연을 마치고 나자 나의 이름이 조금씩 알려지기 시작했다. 발레를 시작한 지 5년 만에 국립발레단과 함께한 화려한 무대의 주인공이 된 것이다. 그때부터 발레리노 이원국의 시대가 열릴 것이라는 자신감을 갖게 되었다.

국립발레단 수석으로 〈로미오와 줄리엣 Romeo and Juliet〉을 공연할 때의 일이었다. 〈로미오와 줄리엣〉은 드라마 발레이다. 드라마 발레는 발레에 드라마적인 요소, 즉 연기가 첨가된 공연이다. 클래식 발레에 비해 극적인 요소가 많이 있다. 주인공이 슬픔에 겨워하는 장면이나,

사랑하는 장면 등 연극과 발레가 결합한 형식으로 이해하면 되겠다.

　나는 무대 뒤에서 다음 차례를 기다리고 있었다. 나는 거울을 보면서 헤어스프레이를 찾았다. 댄서들은 무대에 오르기 전에 흐트러진 머리카락을 고정시키기 위해 헤어스프레이를 뿌리고 나간다. 또한 공연 중에 근육의 부상으로 통증이 올 경우를 대비해서 물파스도 가지고 다닌다.

　무대에는 줄리엣이 자살을 위장해서 죽은 듯 쓰러져 있고, 그 사실을 모르는 로미오가 달려가 슬퍼하는 장면이었다. 그때 줄리엣이 쓰러져 있는 곳을 향해 너무 서둘러 나가는 바람에 머리카락에 헤어스프레이를 뿌린다는 것이 그만 옆에 있던 파스 스프레이를 들고 뿌리고 말았다.

　음악에 맞추어 줄리엣을 향해 무대를 가로질러 가는데 머리카락에서 파스 냄새가 진동하고 있었다. 아차 싶었지만, 이미 엎질러진 물이었다. 다시 돌아가 머리를 감고 헤어스프레이를 뿌리고 올 수는 없었다. 나는 줄리엣에게 다가갔다. 잠시 혼절해 있는 줄리엣을 죽은 것으로 오해하고 그 자리에서 독약을 마신 후 줄리엣에게 키스하는 로미오를 연기했다. 나는 사랑하는 연인의 죽음 앞에서 오열하기 시작했다. 쓰러진 그녀를 부둥켜안았다. 애절한 로미오의 감정 상태를 연기한 것이다. 그때 머리카락에서 파스가 땀과 함께 흘러 쓰러진 줄리엣의 얼굴에 떨어지고 있었다.

그녀는 독한 파스 때문에 눈물을 흘리고, 나 역시 파스가 눈에 들어가 제대로 눈을 뜰 수가 없었다. 무대가 객석에서 멀어서 다행이었다. 만약에 소극장 무대였다면 금방 들통이 났을 것이다.

그녀를 안고 일어날 장면이 되었다. 나는 눈을 뜰 수가 없는 상태가 되었다. 그녀를 안고 무대의 계단을 발로 더듬으면서 감각에 의지해 겨우겨우 내려왔다. 그때 발을 헛디뎌 계단에서 넘어지지 않은 것이 다행일 정도로 괴로운 순간이었다.

드디어 막이 내려가고 공연이 끝나자 무대 뒤에서 나는 그녀에게 말했다.

"아이고, 많이 힘들었지. 미안하다. 서두르다가 그만 머리카락에 파스를 뿌리고 나갔다."

"아이고, 어쩐지, 갑자기 파스 냄새가 나서 죽는 줄 알았어요."

"고생했다. 어서 분장 지우고 세수해라."

"선배도요. 고생하셨어요."

"야, 너는 연습할 때는 한 번도 안 울더니, 오늘은 왜 그렇게 울었냐?"

"아마 선배 연기가 진짜 같아서 그랬겠죠."

"하하, 그런가? 파스 때문이 아니고."

"뭐, 귀에 걸면 귀걸이, 코에 걸면 코걸이죠."

자칫 잘못하면 실수를 할 뻔 했지만 우리는 무사히 공연을 마칠 수 있었다. 다시 막이 올라가고 무용수들이 관객들에게 인사를 하는 시간

〈신데렐라〉 中에서

이 돌아왔다. 공연에 참여한 출연진들이 인사를 하고, 마지막으로 주역인 로미오와 줄리엣이 관객들에게 인사를 하자 예상하지 못한 반응이 나왔다.

관객들이 환호를 하며 기립박수를 치면서 열광했다. 우리들의 연기가 너무나 리얼해서 감동을 받은 것이었다. 세상에 이런 일도 있나 싶었다. 그리고 마침 그 자리에 정부 관계자가 와서 공연을 보았다고 한다. 덕분에 공연은 문화부 장관상을 받았고, 더불어 그해에 평론가가 뽑은 무용예술상 무용가상도 받았다.

이 두 가지 에피소드를 생각하면서 '이것이 우연이었을까?' 하는 의문이 든다. 그때 내가 뿌린 파스 스프레이는 의도된 것은 아니었다. 사실 눈에 파스가 들어가면 너무 고통스러워 공연을 하기 힘들 정도다. 하지만 무대에서 주어진 상황을 받아들이고 최선을 다해 공연을 성공적으로 마쳤다.

꼭 이런 경우가 아니더라도 발레 무용수들은 다리 부상을 비롯해 크고 작은 통증을 겪는다. 그래서 파스를 가지고 다니는 것이다. 통증을 견디며 무대를 마치고 나서 관객들의 박수갈채가 터지는 순간 그 통증은 사라진다. 입가에 미소가 저절로 머금어지고 다음 무대에 나갈 에너지가 충전되는 것이다. 아름다운 고통이다.

대학 재학 중에 국립발레단의 〈레퀴엠〉 공연 역시 겉으로 보기에는 우연히 주어진 기회처럼 보이기도 한다. 이런 경우가 바로 '세렌디피티'가 아닐까 싶다. 실수나 우연으로부터 창조적인 발견이나 발명이 이루어지는 세렌디피티……

페니실린을 발명한 플레밍 박사의 경우가 그렇다. 박사의 연구실에 창문으로 날아온 곰팡이균이 페니실린의 발명으로 이어진다. 세균을 다루는 실험실의 모든 문은 닫혀 있는 것이 정상인데, 그날따라 조교가 문을 열어 놓고 나갔다. 그 창문을 통해 밖에서 곰팡이균이 날아들어 왔고, 그것이 단초가 되어 의학적으로 중요한 발명이 이루어진 것이다. 그냥 우연히 이루어진 일 같지만, 이 발명은 치열한 연구과정에서 생긴 일이었기에 우연히 발견했다고 하기에는 뭔가 부족하다. 어떤 일을 열심히 하면 하늘이 도와준다는 말이 있는데, 세렌디피티는 이런 속성을 가지고 있다.

〈에스메랄다〉 中에서

주역이 사정이 생겨 무대에 서지 못하자 대역으로 나갔다가 스타가 된 테너 루치아노 파바로티와 소프라노 마리아 칼라스도 비슷한 경우이다. 세상에 우연히 이루어지는 일은 없다. 자기가 하고 있는 일에 열심히 몰두하다 보면 보이지 않는 인연으로 좋은 결과가 만들어진다. 그것을 우연으로 부르든 필연이라고 하든 관계없다.

지금 바로 이 순간 나에게 주어진 일을 열심히 하자. 그러면 기회는 의외로 빨리 찾아온다. 설령 기회가 영영 오지 않는다 해도 몰두하는 그 순간에 행복하다면 된 거다. 그것이 진정 가치가 없는 일일까? 무슨 일이든 정말 열심히 한다면 반드시 기회가 오고 성공하는 것이 세상 이치라고 나는 믿는다.

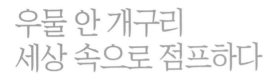

우물 안 개구리
세상 속으로 점프하다

임성남 단장의 인솔로 동경에서 열린 제2회 아시아 국제 콩쿠르
에 참여했다. 이 대회는 2년마다 열리는 국제 대회로 일본과
중국을 비롯한 아시아 지역 댄서들의 만남과 경쟁의 장이었다. 설레는
마음을 안고 동경에 도착하니 아시아 발레의 중심지답게 화려한 무대
가 준비되어 있었다.

나는 한국창작발레로 콩쿠르에 도전했다. 국제무대에 우리나라 창
작발레로 참여를 한 댄서는 내가 처음이었다. 농악에서 북치는 소년의
모습을 발레로 표현한 〈북치는 소년〉이 출품작이었다. 그 무대에서 시
니어 부문 2등을 했다. 1등은 홍콩의 댄서였다. 그는 귀족적이고 섬세

한 연기력이 탁월한 발레를 했고, 나는 테크닉이 뛰어난 점이 심사위원들의 평가를 받았다. 그 대회에서 인상에 남는 발레 댄서는 전 대회에서 우승한 한 일본인이었다. 나는 그의 탁월한 기량에 매료되었다.

처음 도전한 국제무대에서 수상을 했다는 기쁨도 있었지만, 그보다는 이 무대를 발판으로 더 높은 곳으로 도약해야겠다는 다짐을 했다는 것이 더 큰 수확이었다. 콩쿠르를 마치고 나서 그동안 내가 우물 안 개구리처럼 살았다는 사실을 알게 되었다. 사람은 어울리는 사람들의 틀 안에서 규정되기 마련이다. 그것이 행동과 사고방식을 결정하기 때문이다.

발레를 배우기 전, 방방곡곡을 돌아다니며 방황하던 시절에는 넓은 세상이 좁게만 느껴졌다. 하지만 발레 공연 무대라는 좁은 공간은 도리어 바다처럼 넓고 깊게 보이기 시작했다. 새로운 눈으로 발레를 바라보는 개안開眼의 경험이었다. 넓은 무대, 국제적인 심사위원들, 각기 다른 나라에서 온 발레 댄서들의 모습을 보면서 내가 가야 할 길을 보았다.

나는 아시아 발레의 메카라고 할 수 있는 일본에서 발레를 배우고 싶었다. 당시 일본발레협회회장은 재일교포인 백성국 씨였는데, 우리나라 발레 발전에 많은 도움을 주는 분이었다. 나는 임성남 선생님의 추천과 백 선생의 배려로 일본에서 두 달 가량 머물면서 유학생활을 했다. 소개로 만나 나카무라 선생님의 집에 신세를 지다가 아버지의

너의 진짜 스승은 바로 너다

〈호두까기 인형〉 中에서

도움으로 도쿄의 허름한 여관에 머물면서 유기 사토 선생님의 학원에서 1990년 겨울방학을 보냈다.

이때 내가 살았던 여관의 주인 할아버지는 내가 발레리노라는 말을 듣고는, 차이콥스키의 〈호두까기 인형The Nutcracker〉 중에서 '꽃의 왈츠' 대목을 들려주곤 했다. 이국의 좁은 여관방에서 낮은 볼륨으로 들었던 그 음악은 낯선 일본생활에 활력소와 같았다.

음악은 좁은 공간을 넓게 만들어주기도 한다. 연습을 마치고 집으로 돌아와 혼자 골방을 지킬 때 음악이 위안이 되었다. 이 음악은 지금까지도 즐겨 듣고 있다. 어려운 시절을 같이 했다는 인연 때문일 것이다.

발레는 종합 예술이다. 음악과 무대 장치, 의상 등이 무용수들의 몸짓과 함께 어우러져야 하는 한 편의 발레 공연 무대는 그 시대의 모든 예술적 역량이 모이는 문화 공간이다. 특히 음악은 매우 중요하다. 음악이 없는 발레는 상상하기 힘들다.

구체적으로 설명하기는 힘들지만 음악은 인간의 마음을 아련하게 하는 매력이 있다. 음악을 듣고 있자면, 사람들이 서로 사랑하면서 오고 가는 영상이 떠오르기도 한다. 특히 명곡은 들으면 들을수록, 그 곡을 자유롭게 해석할 수 있다. 그래서 그런 곡들은 수십 수백 년 동안 애호가들의 사랑을 받는 것이 아닌가 싶다.

일본 유학 생활 동안 화려한 일본 문화를 즐기고 싶은 유혹을 뿌리치고, 오직 발레만 연습했다. 우리보다 한 발 앞선 그들의 발레를 배우기에도 시간이 부족했다. 일본 유학 경험은 좀더 큰 세상으로 나아가

〈호두까기 인형〉中에서

발레를 배우고자 하는 나의 욕망을 부추겼다. 이 시기에 나는 미국 유학이라는 또 다른 도전을 결심했다.

　미국에서 내가 꼭 가보고 싶은 곳은 '뉴욕'이었다. 뉴욕은 시내 중심가인 브로드웨이를 중심으로 연극, 음악, 뮤지컬 공연이 왕성하게 이루어지는 도시이다. 그곳에서 부는 바람과 사람을 만나고 싶었다. 물론 그 중심에는 발레에 대한 나의 열정이 타오르고 있었다. 개 한 마리가 꼬리를 물고 빙글빙글 도는 모습을 보아도 발레 회전 동작으로 보였고, 아스팔트에 떨어지는 물방울이 튀어 오르는 풍경도 발레 동작으로 연결시켰다. 발레에 완전히 미쳐버린 것이다. 세계적인 무대에서 클래스를 배우고 싶은 나의 마음은 간절했다.

뉴욕은 조지 발란신George Balanchine의 도시이기도 하다. 전설적인 발레 안무가인 조지 발란신(러시아인인 그의 본명은 조르지 멜리토노비치 발란쉬바츠이다. 디아길레프를 만나기 전에는 '조르지'라고 불렸다. 디아길레프가 조지 발란신으로 고쳐 주었다)의 뉴욕 시티 발레단도 가까이에서 보고 싶었다. 고전주의 발레의 창시자 조지 발란신은 발레 뤼스Ballets Russes에서 디아길레프를 만나 안무가와 댄서로 활동했다. 1929년 디아길레프의 타계로 발레 뤼스가 해체되자 미국으로 건너가 아메리카 발레 학교와 발레단을 만들어 새로운 경향의 발레를 창작한 인물이다.

링컨 커스타인Lincoln Kirstein은 이렇게 말했다.

"그는 비단처럼 부드럽게 걷지만 강철보다 강한 사람이다."

안무가인 조지 발란신은 러시아의 마린스키발레단의 댄서로서도 유명했다. 〈호두까기 인형〉에서 제스트 역할로 도약을 할 때는 니진스키와 비교될 정도였다고 한다. 하지만 런던에서 그가 안무한 작품 〈넵튠의 승리The Triumph of Neptune〉를 공연한 직후 무릎을 다쳐, 그 이후부터는 안무에 더 집중하게 된다. 그는 1983년 79세의 나이로 천상으로 날아갔지만, 그의 작품은 지금도 뉴욕을 비롯해 전 세계에서 공연되는 레전드로 남았다.

나는 아버지에게 뉴욕 유학을 가고 싶다고 말씀드렸다. 아버지는 유하비 문제로 고민하시다가 평소에 친분이 있던 부산 '봉생병원'의 정의화 원장님과 의논을 하셨다. 평소 나에게 호감을 가지고 있었던 원장님은 발레리노 이원국 후원회를 만들자는 아이디어를 내셨다.

부산의 자랑거리인 발레리노 이원국의 유학을 우리들의 손으로 보내주자. 이 친구는 반드시 예술가로 대성할 것이다. 이런 말씀을 하시면서 원장님은 당신의 모든 인맥을 동원하여 후원회의 결성했다. 1990년 겨울에 열린 후원회의 밤에는 부산지역의 명사 오백여 명이 모였다. 너무나 고마운 일이었다. 그 날 모인 후원금을 원장님은 아버지를 통해 나에게 전해주셨다. 물가가 비싼 뉴욕 유학비는 상당히 큰 돈이었다.

정의화 원장님과 수많은 후원자 분들 덕분에 나는 유학을 가게 되었다. 이 분이 바로 지금까지 나의 든든한 후원자인 국회의장 정의화 의원이다. 내가 이분과 인연을 맺게 된 것은 발레를 시작한 지 6개월이 지날 즈음이었다.

그때 나는 허리 부상을 입고 상당한 통증에 시달렸다. 눕지도 걷지도 못할 만큼 아팠다. 아버지는 봉생병원 신경외과전문의인 정의화 원장님께 나를 데리고 갔다. 내 상태를 보고 원장님은 입원해서 치료를 받아야 된다고 했지만, 나는 입원을 하지 않겠다고 하고 약만 처방해 달라고 부탁했다. 발레 연습을 해야 하기 때문에 한가하게 병원 치료를 받을 수는 없었다. 통증 따위는 얼마든지 견딜 수 있으니 진통제만 처방해 달라고 부탁드렸다.

"마음과는 달리 신체의 통증은 견디기 힘들텐데, 고집부리지 말고 입원해서 치료하자."

"아닙니다. 약만 처방해 주십시오. 견딜 수 있는 데까지 견뎌보겠습니다."

"허허, 그게 마음대로 되는 게 아니야."

"아닙니다."

"그래, 그럼 일단 약을 먹어보고 정 힘들면 입원하자."

"예, 그러지요."

하지만 나는 통증을 진통제로 견디면서 계속 연습을 했다. 그 통증은 6개월 후에 사라졌다. 나중에 병원에서 엑스레이 촬영을 해 보니, 금이 간 허리뼈가 저절로 붙어 버린 것을 알게 되었다. 원장님은 그 필름을 보고 감탄했다.

"야, 이 친구이거. 대단하구만. 어떻게 이럴 수가 있지 허, 참."

이때부터 원장님은 나에게 호감을 가졌다고 하셨다. 도대체 어떤 정신으로 연습을 하면 금 간 뼈의 통증마저도 이겨낼 수 있는지 의사로서 이해가 잘 되지 않는다고 하셨다. 뼈가 다시 붙을 때까지 견디고 연습을 한 결과 나는 동아 콩쿠르에서 우승할 수 있었다. 동아 콩쿠르의 우승이 후원회의 밤을 결성하는데 큰 도움이 되었다.

그때 만약에 내가 통증을 핑계로 연습을 하지 않았다면 과연 후원회의 밤이 열릴 수 있었을까? 이 인연으로 나는 정의화 국회의장님을 알게 되었고, 그 분의 따뜻한 배려로 발레리노 이원국은 새로운 길을 걸어가고 있는 것이다. 후배들에게 말해 주고 싶다. 지금 너의 고통이 바로 내일의 영광이라고.

처음 도전한 국제무대에서 수상을 했다는
기쁨도 있었지만,
그보다는 이 무대를 발판으로
더 높은 곳으로 도약해야겠다는
다짐을 했다는 것이 더 큰 수확이었다.
콩쿠르를 마치고 나서 그동안
내가 우물 안 개구리처럼 살았다는 사실을
알게 되었다.

〈파우스트〉 中에서

너의 진짜 스승은
바로 너다

1991년 미국 유학을 가기 전 날에 공교롭게도 발목을 다쳤다. 발레 댄서들에게 발목과 다리 부상은 흔한 일이지만 하필이면 유학을 가기 전 날에 그런 일이 벌어져 속이 상했다. 미국 유학을 간다는 설레는 마음으로 장시간의 비행을 하면서도 다리에 신경이 집중되었다. 케네디 공항에 도착하자 장성애 선생님이 마중을 나와 있었다. 신무섭의 스승이기도 한 장 선생님은 내가 뉴욕에서 사는 동안 많은 도움을 주셨던 고마운 분이다. 그녀는 내가 다리를 절면서 걸어오는 모습을 보고 집에 가서 쉬라고 했지만, 나는 바로 스튜디오로 갔다. 꿈에도 그리던 스튜디오에서 왼발로 중심을 잡고 서서 다친 오른발을 움직이면서 감각을 살렸다.

의학적으로 어떤 현상인지는 모르겠지만 신기하게도 연습을 하다 보면 다리 부상이 회복되곤 했다. 나는 몸이 아프면 더 연습을 하는 스타일이다. 아픈 몸이 연습을 통해서 회복되는 경험을 여러 번 했다. 예를 들어 감기 몸살에 걸리면 평소보다 더 강하게 연습을 한다. 체질에 따라 다르기는 하겠지만 몸이란 정신의 지배를 받는 도구라는 생각이 든다. 최근 10년 동안 병원에 간 기억이 없다. 그것이 이원국 발레 연습법이라고도 할 수 있다. 정신이 간절하게 원하면 몸이 신기하게도 따라준다.

나는 물가가 비싼 뉴욕에서 생활비를 절약하기 위해 소형 아파트에서 방 한 칸을 얻어 40대 중년 아저씨와 함께 지냈다. 서울에서 온 그는 석면공사를 하는 인부로 7년째 뉴욕에서 살고 있었다. 남자 둘이 좁은 아파트에서 동거하자니 불편하기도 했고, 사소한 마찰도 있었다. 그는 냉장고 안을 반으로 나누어 서로의 음식을 보관하자고 했다. 2등분된 냉장고 안에 아저씨와 나의 음식을 분리해서 보관했다. 그런데 가만히 보니 언제부터인가 내 음식이 조금씩 없어지기도 했다. 내가 눈치를 줘도 시치미를 뚝 떼는 그가 얄밉기도 했지만 지금 생각하니 재미있는 기억이다.

그는 오랫동안 뉴욕에 살면서도 영어가 서툴렀다. 영어를 잘 못해도 사는 게 불편하지 않다고 했다. 그 현장을 나는 우연히 목격했다. 어느 날, 아파트 위층에서 소음이 심하게 나자, 그는 화를 내면서 위층으로 올라갔다. 나도 덩달아 따라 올라갔는데 위층의 주인 여자와 나누는 영어가 가관이었다.

"Your Child가 말이야. 쿵쾅쿵쾅. 나 말이야. Angry 말이야. You undetstand?"

이런 식으로 우리말과 영어를 마구잡이로 섞어 과격한 몸짓과 함께 떠들어대자 아랍계 여인이 "Sorry, So Sorry." 하면서 다 알아들었다. 지금 생각하면 웃음이 나오는 일이다. 그가 화를 내면서 팔을 이리저리 내젓는 모습을 보면서 나는 발레 유학생답게 이런 저런 발레 동작을 연상하기도 했다. 서로 외국어를 쓰는 상대방이 무대에서 의사 교환을 할 때 저렇게 하면 되겠다 싶었다. 하여간 그 아저씨와의 동거는 불편하기도 하고 재미있기도 했다. 처음엔 남자가 무슨 발레냐면서 웃던 아저씨는 점점 나의 발레에 대해 관심을 가지고 나중에는 꼭 성공하기를 바란다는 말을 해 주었다. 그 아저씨는 아직도 뉴욕에 있을까 모르겠다.

나는 하루에 세 클래스를 다니면서 1회에 10불의 비용을 지불했다. 하루하루가 새로운 날들이었다. 물 만난 고기처럼 신명이 났다. 내가 연습하는 모습을 보고 사람들이 놀라는 표정이 역력했다. 그 표정을 나는 즐긴다고나 할까, 묘한 쾌감도 몰려왔다. 다양한 인종이 모여 있는 연습실에서 나는 그 맛에 더 열심히 했는지도 모르겠다. 뉴욕은 아름다운 무대 같다는 생각이 든다. 채광이 좋은 스튜디오에서 땀을 흘리는 연습생들의 동작들이 프리즘을 통해 보는 빛처럼 각양각색으로 아름다웠다. 우리는 국경을 초월해서 발레 왕국에 모인 왕자와 공주들이었다.

나는 블라드미르 도코로보스키에게 지도를 받았다. 그는 발레 뤼스의 마지막 단원으로서 국제적으로 명성이 자자한 분이다. 영어와 러시아어를 비롯한 7개 국어를 자유롭게 구사했기 때문에, 클래스에 온 세계 각국의 유학생들을 지도하는 데 문제가 없으셨다. 나는 수업을 받으면서 조금씩 영어도 익혔다. 다행히 발레는 몸으로 배우는 동작이기에 수학이나 철학처럼 영어가 능숙할 필요는 없었다. 간단한 동작설명을 중심으로 선생의 몸과 그 몸을 움직이는 마음을 살피려고 노력했다.

스튜디오는 일층에서부터 삼층까지 계단으로 이어져 있었는데, 천장이 10미터 이상이나 되었다. 성당을 개조한 공간이어서 특히 채광이 좋았다. 수업시간에 음악 반주는 백발의 피아니스트가 즉흥연주를 했다. 넓은 공간에 울려 퍼지는 피아노 연주는, 그날 연주자의 기분에 따라 레퍼토리가 클래식과 재즈와 팝에 이르기까지 다채로웠다. 그 곡에 맞추어 안무가 이루어졌다.

우선 선생님이 먼저 시범을 보인다. 디테일한 동작 지도 없이 학생들 앞을 스치고 지나가면 학생들은 그의 동작에 주목했다가 따라서 해야 했다. 그때 선생님이 학생들의 동작에 대해 코멘트를 해 주시기도 했다.

한번은 한 일본인 댄서의 동작을 보고 손가락을 붙이라고 지도하

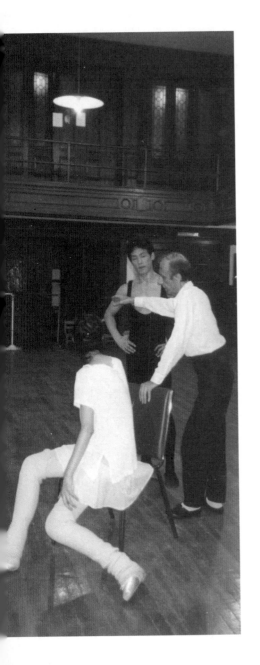

셨다. 손가락이 벌어질 때와 붙일 때 연기의 동작이 달라진다. 고개를 들 때와 숙일 때, 아주 작은 동작 하나가 발레리노의 온몸을 좌우하기도 한다. 우리들이 선망하는 명품일수록 작은 단추 하나 바느질 하나에도 온 정성을 들인다. 명품의 완성도가 높고 가격도 비싼 데는 다 이유가 있다. 발레 작품도 명품이 되기 위해서는 디테일의 힘이 필요하다. 아주 사소한 동작 하나를 보면 댄서의 전체를 파악할 수 있다. 관객들을 감동시키는 아름다운 동작은 무수한 디테일이 모여 이루어진 결과이다. 그 조각난 디테일들, 모든 동작들을 이어 붙이는 것은 땀과 눈물이라는 접착제이다.

도코로브스키의 수업 방식은 '반복'이었다.

1주일 단위로 월요일 것을 화

요일에 화요일 것을 수요일에 하는 식으로 매일 반복했다. 우리들이 수업을 하는 동안 선생님은 줄담배를 피우면서 연습생 사이를 돌아다니기도 하고, 의자에 앉아 한손으로 턱을 괴고 생각에 잠겨 있기도 하셨다. 어제 배운 것을 오늘 하고, 오늘 배운 것을 내일 했다. 그러니 매일이 오늘이었다. 연습이 거듭될수록 선생님과 나 사이에 공감대가 쌓이고 있었다.

어느 날, 선생이 나에게 말씀하셨다.

"너는 아주 특별한 학생이다. 이제 너는 나의 제자다."

내가 뉴욕 시절에 받은 소중한 선물이었다. 세계적인 대가에게 제자로 인정받았으니 그럴 법도 하지 않은가. 하지만 정말로 가장 소중한 선물은 지금도 뇌리에 각인되어 잊을 수 없는, 선생님의 덧붙이는 말씀이었다.

"하지만, 너의 진짜 스승은 바로 너다."

이 한 마디는 울림이 크다. 예술가로 살아가는 데 이보다 더 중요한 말이 있을까 싶다. 위대한 스승은 제자가 자신의 길을 걸어가도록 길목까지 데려다 주는 사람이다. 강을 건너기 위해서 제자의 손을 잡고 강어귀에 데려다 주지만 배를 타고 노를 젓는 일은 자신이 해야 한다. "너 자신이 스승이다." 이 말은 예술가가 아니더라도 누구나 가슴에 담아두면 에너지가 되는 잠언이기도 하다. 우리에게 익숙한 〈법구경法句經〉구절인 "무소의 뿔처럼 홀로 가라"가 많은 사람에게 힘이 되는 것처럼 말이다. 11개월 간 뉴욕에 머물면서 결론적으로 '춤을 추라'

는 단순한 가르침을 배웠다. 지금에 와서야 선생님의 이 말씀이 이심전심으로 전해진다. 댄서는 춤을 춰야 한다. 오로지 춤만 추어야 한다. 뉴욕에서 돌아와서도 클래스 때 연주되었던 피아노곡을 녹음해 둔 테이프를 되풀이해서 들으면서 연습을 했다.

선생님은 내가 귀국하고 나서 2년 후에 돌아가셨다. 내가 본 선생님의 마지막 모습이 아직도 눈에 선하다. 선생님은 항상 중절모자를 일층에 따로 두고 나가기 전에 쓰시는 버릇이 있었다. 나는 문을 나서는 선생님께 인사를 했다. 선생님은 손을 들어 답례를 하고 걸어 나가셨다. 펑펑 눈이 내리던 겨울 밤, 뉴욕 브로드웨이 57번가를 걸어가시는 선생의 뒷모습을 보았다.

한 평생 외길을 걸어오신 선생님은 한쪽 다리를 약간 저셨다. 쩔뚝쩔뚝 절고 있는 그 다리가 걸어온 길을 떠올렸다. 선생님은 그 길을 걸어오면서 얼마나 힘드셨을까? 저 다리로 선생님은 무대 위에서 춤을 추었다. 저 다리로 한 평생을 버티고 견디고 화려한 날개를 달았다. 발레 댄서의 두 다리는 바로 백조의 날개이기도 하다. 나는 우두커니 스승의 뒷모습을 보면서 앞으로 내가 걸어가야 할 길을 보고 있었다.

일 년 간의 유학비자 만료기간이 점점 다가오고 있었다. 나는 뉴욕에 좀더 있고 싶은 마음으로 엘리어 펠라 발레단의 오디션에 응했다. 그런데 오디션 방식이 독특했다. 처음엔 댄서들을 심사위원 앞에 일렬로 세워 놓고 그 자리에서 100여 명을 탈락시켰다. 어떤 기준인지는 모르겠지만 전체적인 느낌을 보고 심사위원들의 주관적인 경험으로 선택을 했다. 두 번째는 간단한 스트레칭 동작을 보고 50여 명 이상을 탈락시켰다. 그 다음에 남은 댄서를 대상으로 클래스를 했다. 나는 이런 과정을 다 거치고 최후의 두 댄서 중 한 사람이 되었다.

심상위원이 나에게 물었다.

"몇 바퀴까지 돌 수 있나?"

"열 바퀴 정도는 돌 수 있습니다."

"그럼 한번 돌아보라."

나는 심사위원들 앞에서 영화 〈백야〉에 나오는 바리시니코프처럼 열 바퀴를 회전했다. 그들은 놀란 표정을 지으면서 심사표를 작성하고 있었다. 그 자리에서 나는 심사위원들의 표정을 보고 합격한 줄 알았다. 오디션이 끝나고 초조하게 결과를 기다리고 있는데 불합격 통지를 받았다. 나중에 이유를 들어보니 내가 단기 유학 비자로 왔기 때문에 유감스럽게도 탈락되었다고 했다. 나는 최후의 2인까지 뽑힌 데 만족하고 한국으로 돌아갈 짐을 꾸렸다. 후회 없는 뉴욕 생활은 그렇게 저물어갔다.

나는 뉴욕 유학 기간에 좋은 선생님으로부터 넓은 무대에서 많을 것을 배웠고, 발레에 대한 안목을 가질 수 있었다. 발레 댄서로서 한 단계 성장했다는 자신감도 생겼다. 서울로 돌아오는 비행기 안에서 내 발바닥은 연습실과 무대를 그리워하고 있었다.

어느 날, 선생이 나에게 말씀하셨다.

너는 아주 특별한 학생이다.
이제 너는 나의 제자다.

하지만, 너의 진짜 스승은 바로 너다.

불가리아
바르나 국제 콩쿠르

우리나라 남자 댄서 중에서 최고의 테크닉을 자랑하는 박상철은 후배들에게 새로운 발레 기술을 가르쳐 주는 다감한 선배였다. 간혹, 시간이 되면 일본 유학을 마치고 돌아오면서 가져온 비디오와 음악을 들려주면서 후배들을 챙기곤 했다.

어느 날 박상철 선배가 일본어로 된 서류 한 장을 보여 주었다. 그것은 바르나 콩쿠르International Ballet Competition Varna 참가 신청서였다. 이 대회는 4년마다 열리고, 참가자들의 연령은 26세까지로 제한하고 있었다. 나이 제한 때문에 나에게는 처음이자 마지막 출전 기회였다. 나와 송정근, 김용걸. 김대원을 포함한 6명이 참가 신청서를 냈다.

우리들에게 두 달의 준비기간이 주어졌다. 나는 바리아시옹 Variation(고전 발레의 솔로 춤)을 하루에 60회 이상 반복 연습했다. 연습실에서 음악 테이프를 감는 시간을 제외하고는 하루 종일 반복 연습을 하면, 저녁엔 발바닥이 땅에서 잘 떨어지지 않을 정도로 온몸이 파김치가 되었다. 바리아시옹과 더불어 참가자가 안무한 창작 작품도 더불어 준비해야 했다. 나는 우승을 목표로 연습에 매진했다. 나는 불가리아와 우리나라의 시차가 7시간 나기에 새벽에 연습을 하면서 오후에 열릴 것으로 예상되는 콩쿠르에 대비했다.

불가리아의 항구도시 바르나로 가기 위해서는 소피아 공항에 내려 택시를 타고 다시 5시간 정도 더 가야했다. 택시를 타고 대회장으로 가는 길이 순조롭지가 않았다. 현지인 운전수와 우리들 사이에 의사소통이 원활하지가 않아 요금에 대한 시비도 있었고, 도로에서 대형사고가 날 뻔한 위험한 순간도 있었다. 우리가 탄 택시를 향해 갑자기 중앙선을 침범한 대형트럭이 돌진해 왔기 때문이다. 운전수가 트럭을 절묘하게 피하면서 참사를 면했다. 그의 운전 실력은 마치 헐리우드 영화에 나오는 카레이서와 같았다. 아찔한 순간이었다. 어쨌든 우리는 무사히 바르나에 도착했다.

콩쿠르는 야외무대에서 저녁 7시부터 아침 7시까지 보름 동안 개최되었다. 이렇게 밤이 새도록 콩쿠르가 열린다는 정보를 현지에 가서야 알았다. 아뿔싸, 나의 시차적응 훈련이 아무런 소용이 없었을 뿐 아니라 오히려 역작용이 났다. 결국 나는 꾸벅꾸벅 졸면서 대회에 참가해야만 했다. 대회에 대한 아무런 정보 없이 훈련한 대가를 톡톡히 치르게 생겼다.

대회는 모두 3차 공연으로 진행되어, 참가자가 결승까지 갈 경우 총 6번 무대에 오를 수 있었다. 세계 각국에서 천여 명의 참가자가 모여 들었다. 권위 있는 국제 대회여서인지 현지인들의 반응도 뜨거웠다. 발레를 즐기는 나라답게 댄서들의 공연을 감상하는 관객들의 태도가 진지하고 열성적이었다. 객석에서 승패와 무관하게 댄서들에게 박수를 보내는 관객들의 모습이 인상적이었다. 그들의 호응 정도와 심사위원의 채점이 거의 비슷하게 이루어지는 것 같았다. 대체로 박수를 많이 받은 참가자가 선발되었다. 1차 대회 때는 박수를 많이 받아서인지 나는 무사히 통과했다. 2차부터는 참가자가 안무한 창작발레가 필요했다. 나와 같이 1차를 통과한 송정근이 말했다.

"형, 난 창작 발레 준비 안 했는데"

"뭐라고, 대회에 나오면서 준비를 안 하면 어떡하나?"

송정근은 머리를 긁적이면서 말했다.

"아이, 참. 나는 1차에서 떨어질 줄 알았지."

"아이고, 떨어질 생각부터 하면서 대회에 나왔냐. 그래, 이제 어떡할 거냐?"

"괜찮아요. 지금부터 하면 되지 뭐."

〈에스메랄다〉리허설 때

"뭐라고!"

정근은 영화 〈마농의 샘 Manon des Sources〉의 테마곡을 창작발레 음악으로 준비해 가지고 왔다. 혹시나 하는 마음에 음악은 준비했는데, 안무는 전혀 생각하지 않았다고 했다. 송정근은 대회 장소에서 혼자 음악을 들으면서 즉석에서 안무하고 연습을 하고 있었다.

2차 심사 때는 비가 내리기 시작했다. 빗방울이 점점 굵어지면서 야외무대에서 대회를 진행하기 힘들 정도였다. 주최 측에서는 대회 장소를 근처에 있는 체육관으로 옮겼다. 체육관에서 송정근은 즉흥 안무로 창작발레를 선보였다. 내가 보기엔 즉흥적으로 준비한 것에 비하면 잘 만들어진 춤이었다. 그동안 연습한 습관과 춤에 대해 본능적 감각 때문인 것 같았다. 송정근은 관객들의 기립 박수까지 받았지만, 역시 준비 부족 때문인지 2차에서 탈락했다.

결국 우리나라 참가자 6명 중에서 나만 3차 대회에 나가게 되었다. 바르나 국제 콩쿠르에서는 전통적으로 마지막 라운드가 열리기 전날 밤에 파티가 열렸다. 바다가 보이는 저택에 마련된 화려한 파티장소에 가 보니 다른 나라 댄서들은 서로 자연스럽게 어울리면서 즐기고 있

는데, 우리들은 파티 문화에 익숙하지 않아서 우리끼리만 모여서 노는 바람에 촌티를 풀풀 풍겼다.

    그 자리를 주선한 사람은 일본인 요코 여사였다. 그녀는 화려한 의상으로 치장한 외모와 품위 있는 매너를 가진 문화애호가였다. 재산이 많아서인지 여러 개의 수영장이 있는 대저택에 살고 있었다. 파티는 대회 협찬자인 그녀가 자신의 저택에 초대해 열리는 것이었다. 일본인들의 발레 사랑은 참으로 놀라울 정도였다.

    그곳에서 우리는 처음으로 나체 사우나를 보았다. 남녀 댄서들이 모두 나체로 사우나를 즐기고 있었다. 송정근이 그 사실을 알고는 우리들에게 함께 가자고 했다. 우리는 차마 옷을 벗지는 못하고 사우나에 들어갔다. 그들은 옷을 입고 있는 우리들을 이상한 표정으로 보다가 모두 사우나에서 나가고 말았다. 아마도 '저 촌놈들이 옷을 입고 여기에 들어오네, 어느 나라 애들이야?' 그들은 이런 대화를 나누지 않았을까?

출전자 중에는 프랑스의 프리마돈나 오드리 듀퐁도 있었다. 한눈에 보기에도 매우 아름다운 댄서였는데, 다른 댄서들과 수영장에서 즐기는 모습이 인상적이었다. 친구들이 그녀를 던져 수영장에 빠뜨렸는데 전혀 동요하지 않고 활짝 웃으면서 여유롭게 헤엄쳐 나오는 그녀의 모습을 지켜보면서 물거품에서 탄생했다는 비너스를 떠올렸다. 그녀는 어린 나이였지만 매우 침착하고 성숙한 발레리나로 내 기억에 남아 있다.

다음날 나는 마지막 3차대회에 참가했지만 상을 받지는 못했다. 마지막 출전 무대라서 아쉬웠지만 국제 대회에서 그리 나쁜 성적은 아니라는 생각을 했다. 나이 제한으로 다시 도전할 수 없는 것이 안타까웠다. 너무 늦게 발레를 시작한 탓이다. 한 번의 기회가 더 있었더라면 더 좋은 결과가 있었을 것 같은 아쉬움이 남았다.

이 무대에서 나는 어머니가 만들어준 발레 의상으로 공연을 했다. 어머니는 나를 위해 모두 여섯 벌의 무대 의상을 만들어주셨다. 서울 동대문 시장에서 옷감을 구해 책을 보면서 발레의상을 연구하고 자료를 수집해서 당신이 직접 디자인한 아름다운 옷을 만들어 주신 것이다. 그 의상으로 무대에서 공연을 하니 날개를 단 것 같았다.

지금은 그중 한 벌만이 발레단의 연습실에 남아 있다. 나머지 다섯 벌은 주위에 있던 발레리노들이 입고 가서는 돌려주지 않아 행방이 묘연하다. 이 의상은 지금도 무대에서 입고 공연을 하는 나의 애장품인 셈이다. 한 올 한 올 어머니가 땀을 떠서 만든 귀한 의상은 그 시절 나에게는 바로 날개였다. 어머니가 만들어준 날개를 달고 나는 비상하기 위해 무릎을 구부리고 날아갈 곳을 바라보던 시절이었다.

　　그때 같이 경연을 했던 발레리나 오드리 듀퐁을 비롯한 많은 사람들이 지금은 세계적인 댄서들이 되었다. 이 대회에 참가하고 나서 나는 아직 갈 길이 멀었다는 반성을 했다. 그건 나와 함께 출전한 동료들도 마찬가지였다. 김용걸은 무대의 아래쪽에 땅을 파서 슈즈를 묻고 다시 돌아와서 우승을 하겠다고 했다. 송정근도 2년 후에 다시 오겠다고 했지만 안타깝게도 요절하는 바람에 그 꿈은 이루어지지 않았다. 하지만 나의 제자 김기민이 바르나 콩쿠르에서 금상을 받은 것은 매우 자랑스러운 일이다.

　　김기민은 바르나 국제 콩쿠르에 참가하기 전에 연습에 몰두하다가 발목 부상을 입었다. 공중회전을 하고 착지하는 순간에 발목을 다친 것이다. 댄서들에겐 흔한 일이었지만 콩쿠르를 얼마 앞두고 일어난 일이라 참으로 난감했다. 병원에 가니 의사는 수술을 권했다. 수술을 하게 되면 몇 달 동안 연습도 하지 못하게 된다. 김기민은 난감한 얼굴로 나를 찾아와서 이 일을 상의했다. 나는 될 수 있는 대로 콩쿠르에 참가하라고 했다. 내 경험상 부상 때문에 연습을 하지 못한다면 남들보다 뒤처지기 때문이다. 발레리노로 성장할 중요한 시기에 수술을 하고 몇 달을 쉬게 되면 아무리 뛰어난 재능이 있어도 장래가 불투명하다.

하지만 김기민의 부모님은 수술을 고려하고 있었다. 판단은 본인이 하는 수밖에 없었다. 나는 그동안 나의 부상 경험을 들려주고 꼭 대회에 참가하라고 다시 한 번 말했다. 결국 김기민은 발목 부상의 통증을 견디면서 바로나 콩쿠르에 참가해서 금상을 수상했다.

내가 파이널리스트로 머문 대회에서 제자가 금상을 받아 기뻤고, 무엇보다 콩쿠르가 끝나고 나서 김기민은 신기하게도 부상이 회복되어 동양인 최초로 마린스키발레단 단원으로 입단까지 하게 되었다. 여기에 중요한 포인트가 있다. 정신과 육체는 절묘하게 연결되어 있다. 결정적인 부상이 아니라면, 견딜 수 있는 고통이라면 견디고 버티는 것이 발레리노의 자세이다. 바닷조개의 상처 자리에 진주가 자라고, 모진 추위를 견딘 매화의 향기가 진하고 오래간다.

나는 바리아시옹을
하루에 60회 이상 반복 연습했다.
연습실에서 음악 테이프를 감는 시간을 제
외하고는
하루 종일 반복 연습을 하면,
저녁엔 발바닥이 땅에서 잘 떨어지지 않을
정도로 온몸이 파김치가 되었다.

나의 사랑, 나의 발레

발레에는 사랑 이야기가 많다. 〈백조의 호수〉와 〈지젤Giselle〉은 왕자와 귀족이 공주나 아름다운 여자와 만나 사랑을 하는 이야기다. 결말이 비극으로 끝나기도 하고 안무가의 의도가 개입되어 해피엔딩이 되기도 한다. 이러한 고전주의 작품과 더불어 로마의 검투사 이야기를 다룬 〈스파르타쿠스Spartacus〉와 같은 역동적인 작품도 있다. 그동안 나는 여러 작품을 공연하면서 발레는 결국 사람을 사랑하는 일이라는 생각이 들었다.

사랑은 말로 하는 것보다 감정이나 느낌으로 전달한다. 눈빛 하나로 어떤 말보다 간절한 마음을 표현하듯, 몸으로 표현하는 것이 사랑의 속성에 더 어울리기도 한다. 말이 필요 없는 순간에 우리는 진지하게 움직인다. 사랑하는 여인들은 말보다는 행동이 더 중요하다고 여긴다. 발레는 사랑을 간절하게 표현하는 무용이기도 하다.

공연을 성공적으로 마치고, 무대 위에서 환호하는 관객들을 보면 나는 사랑에 빠진 왕자처럼 행복했다. 하지만 현실에서는 연습 시간 때문에 사랑을 할 시간이 그리 넉넉하지가 않다. 나에게 사랑은 순간적으로 휙 지나가는 바람 같기도 하다.

바르나 콩쿠르에서 모든 일정을 끝낸 마지막 날 밤이었다. 대회기간 동안 통역을 해 주었던 여대생이 날 찾아왔다. 소피아 대학에 다니는 미녀였다. 사실 처음 보았을 때부터 마음 한 구석에 그녀에 대한 생

〈여인의 눈동자〉 中에서

각이 있었지만 바쁜 일정과 언어 문제로 따로 따로 이야기 한번 나눈 적이 없었다. 그녀는 나에게 사랑한다고 고백했다. 하필이면 마지막 날 사랑 고백이라니 아쉬운 마음이 들었다. 나의 젊은 시절에 이국의 먼 바닷가에서 꿈처럼 다가온 사랑이었다.

우리 둘은 해변으로 걸어갔다. 손을 잡고 나란히 해변가에 앉아서 파도 소리를 들으며 밤바다에 떠오른 둥근 달과 수평선을 함께 바라보았다. 서로 간절한 마음으로 함께 한 하룻밤이었다. 그날 밤 그녀는 나에게 루이 암스트롱의 노래로 유명한 '썸머타임'을 가르쳐 주었다. 그녀가 한 소절을 부르면 내가 따라 불렀다. 그렇게 우리는 흘러간 팝송을 따라 부르면서 새벽이 오는 모습을 보았다.

우리는 말은 잘 통하지 않아도 불편하지 않았다. 서로 바다를 쳐다보면서 웃고, 짧은 영어를 하고 또 일어나 산책을 하기도 했다. 그녀는 내가 공연하는 모습을 보고 매력을 느낀 것이었다. 나는 그녀의 맑은 눈빛과 발레에 대한 사랑에 마음이 끌렸다. 부산에서 보수적인 집안에서 자란 나는 유럽 청년들처럼 자유분방한 스타일이 아니었다. 처음 만나 서로 호감을 느끼면 침대에서 사랑을 나누는 사람들도 있겠지만, 나는 그녀에 대한 느낌만 간직하고 있었다.

지금 생각하면 말도 통하지 않는데 어떻게 밤새도록 같이 있었을까 싶은데, 사랑은 눈이 멀어도 보이는 것이 있고, 귀가 멀어도 들리는 것이 있다. 사랑한다고 느끼는 순간 현실적인 장벽은 무너지기 마련이다.

〈여명의 눈동자〉中에서

내가 사랑과 욕망을 절제한 이유는 오로지 발레만을 생각했기 때문이었다. 그때는 한눈을 팔지 않고 오로지 연습에만 매진해야 한다는 강박관념이 있었다. 연애는 사람의 에너지를 과도하게 요구하는 속성이 있다. 한 시기에 공부에 몰두하는 사람이 산속에 들어가는 이유도 아마 이런 강박관념이 작용하기 때문일 것이다. 지금 한눈을 팔면 목적을 이룰 수 없다는 생각이 나를 그녀에게 더 이상 접근하지 못하게 했다.

다음 날 비행기가 활주로에서 이륙하는데 그녀의 모습이 보였다. 멀리서 비행기를 향해 손을 흔들고 있었다. 그 모습을 보자 갑자기 눈물이 흘렀다. 그녀에 대한 아쉬운 감정과 더불어 여러 가지 생각이 교차했다.

콩쿠르에서 수상하지 못한 것도 그렇고, 다른 참가자들의 뛰어난 역량에 비해 내가 아직 멀었다는 반성과 더불어 모든 것이 부족하고 미련이 남았다. 그때 생긴 강박관념 때문인지 나는 심각한 공황장애로 고생을 한 적도 있었다. 아마도 바르나에서 서울로 돌아오는 비행기 안에서 발단이 되지 않았나 싶다. 나는 한동안 비행기를 타지 못했다. 언젠가는 일본으로 가는 비행기 안에서 숨이 막혀 혼절한 적도 있었다. 공황장애는 심각한 질병이었다. 이후로도 여러 번 혼절해서 병원에 실려 갔다. 혹시 심각한 질병이 있나 싶어 전문의의 진단을 받았는데 공황장애라고 했다. 의사가 처방해준 약을 먹으면서 이 불안감을 극복하게 위해 노력했다.

하여간, 바르나에서 잠깐 만난 그녀를 다시 만나지는 못했다. 그때 그녀의 전화번호는 받아가지고 왔지만 당시 동구권의 공산국가였던 나라의 한 여인과 전화 통화하는 일이 쉽지는 않았다. 몇 차례 시도하다가 포기했던 기억이 난다. 설령 전화가 연결되었다고 하더라도 쉽게 갈 수 있는 곳이 아니기 때문이었을까?

나이 제한 때문에 그녀를 보기 위해 대회에 다시 참가할 수도 없었다. 그렇게 세월이 흘렀다. 나의 이러한 경험은 개인적으로 소중한 추억이고, 내 몸에 스며든 감정이 무대 위에서 연기로 나오기도 한다. 연습과 공연으로 가득 찬 인생이었지만 간혹 선물처럼 다가오는 순간이 있다. 이 순간이 바로 영혼의 사다리가 되어 지고지순한 사랑을 춤추고 있는 것이다.

사랑은 이루는 것이 아니라, 먼 길을 걸어가는 과정이라고 생각한다. 사랑이 이루어졌다고 믿는 순간 사랑은 사라지고 말기 때문이다. 이러한 사랑의 경험은 나의 발레 공연에 녹아 있다. 〈지젤〉에서 아쉽게 헤어지는 남녀 주인공의 간절한 마음이 현실에서도 존재하는 것이다. 많은 사람들이 첫사랑이나, 아쉬운 사랑에 대한 추억을 가지고 있을 것이다. 무대는 그런 사랑하는 사람들이 만들어 가는 환상의 공연이고, 좋은 공연은 한풀이해주는 한바탕의 춤사위가 되기도 한다.

사랑은 이루는 것이 아니라,
먼 길을 걸어가는 과정이라고 생각한다.
이러한 사랑의 경험은 나의 발레 공연에 녹아 있다.

무대는 그런 사랑하는 사람들이 만들어 가는
환상의 공연이고, 좋은 공연은 한풀이해주는
한바탕의 춤사위가 되기도 한다.

〈해적〉 中에서

너는 예술가로 살아라

이 화여대 무용과 홍정희 교수님과의 만남도 잊을 수 없는 일이다. 선생님은 한 시절 무대를 화려하게 장식했던 발레리나 이미자를 비롯해 수많은 발레 스타를 길러내신 분이기도 하다. 우리나라의 발레리나들에게는 선망의 대상이었고, 대모와 같은 분이셨다. 특히 이화여대 무용과 출신들은 모두 이분의 영향을 받았다고 해도 과언이 아니다. 학생의 신분으로 선생님의 공연에 참여한다는 것은 매우 영광스러운 일이었다. 선생님의 공연에 여러 번 참여한 나는 어느 날 다소 무례한 말씀을 드렸다.

"선생님, 제 공연에 정당한 개런티를 주십시오."

"뭐라고?"

선생님은 이 학생이 지금 무슨 말을 하고 있나, 하는 표정으로 나를 보셨다. 나는 다시 한 번 말씀드렸다.

"저는 공연에 대한 정당한 개런티를 받고 싶습니다."

"아이고, 원국아…, 너 이러는 거 아니다. 도대체 무슨 소리를 하는 거냐!"

선생님은 저 놈을 당장 무대에서 쫓아내라고 노발대발하셨다. 나의 개런티 요구는 당시의 관행으로는 파격적인 발언이었다. 선생님의 공연 무대에서 학생에게 개런티를 지급하는 경우는 없었다. 일종의 우정출연, 혹은 스승이 제자에게 베풀어주는 일종의 교육 정도로 생각되었기 때문이다. 따라서 선생님이 제자들에게 밥을 사주고 교통비 정도의 금액을 지급하는 것이 관례였다.

그런데 나는 이러한 관행이 몹시 불합리하다고 판단했다. 공연을 준비하기 위해 드는 비용이 만만치 않았다. 공연을 위해 준비하는 시간과 장소, 교통비와 식비에 충분한 개런티를 받아야 되겠다고 생각한 것이다.

자선 공연을 하는 것이 아니니, 공연에 대한 정당한 보수는 댄서에게 당연한 권리라는 생각을 나는 직설적으로 말해 버린 것이다. 내가 선생님께 이런 말씀을 드렸다는 소문이 퍼지고, 주위에서는 백조에게 달려든 햇병아리의 반란에 어수선했다. 내가 주제넘게 나댄 꼴이 되어 버렸다. 이 일로 나와 선생님은 서로 상처를 입었다.

이 일을 마음에 두신 것인지 선생님은 돌아가시기 전에 나를 한 번 부르셨다. 혹시 그때의 일을 기억하시고 또 화를 내시면 어떡하나 싶었다. 어느 날, 서초동에 있는 연습실 〈발레 블랑〉에 계신 선생님을 찾아갔다. 선생님은 수척한 모습으로 나를 물끄러미 바라보시다가 말씀하셨다.

"원국아, 그래 연습은 열심히 하고 있니?"

"예, 열심히 하고 있습니다."

"그래 무용수로 살면서 어떤 생각이 드냐?"

"열심히 해서 최고의 댄서가 되고 싶습니다."

"최고의 댄서라, 그래 그래야겠지. 너는 그렇게 될 수 있을 거다. 그런데 말이다. 원국아…. 댄서의 생명은 그리 길지 않지만, 예술가의 생명은 길다. 너는 예술가로 살아라."

"선생님…"

"사람이 사는 거 별 거 아니다. 누구라도 금방 지고 마는 꽃처럼 사는 거지. 나를 봐라. 이렇게 병들어 누워 있잖아. 하지만 예술가는 죽지 않는다. 예술은 병들지도 죽지도 않는다. 다만 사람이 죽을 따름이지. 내 말을 명심하거라."

"고맙습니다. 선생님."

그 분이 돌아가시기 한 달 전으로 기억된다. 병든 백조처럼 호숫가에서 마지막 날갯짓을 하고 계신 그 모습에 마음 아팠다. 중환자의 몸만 남고, 화려한 무대를 장악했던 모습은 사라지고 안 계셨다.

〈시시〉 中에서

나는 그때의 일도 있고 해서 죄송스러운 마음이 들어 고개를 숙이고만 있었다. 그런 나에게 선생님은 종이봉투를 손에 쥐어 쥐어주셨다.

"이게 뭡니까 선생님."

"그거 장학금이라고 생각해라."

"예?"

"좋은 예술가가 되거라."

　이런 말을 하시면서 나에게 상당한 금액의 장학금을 주셨다. 선생님의 따뜻한 배려에 다시 한 번 고개 숙였다. 선생님이 돌아가시고 나서 나는 곰곰이 이 일을 생각하곤 한다. 나는 아직도 선생님의 배려에 대해서 완전히 이해할 수가 없다. 왜 선생님은 그때 나에게 장학금을 주시고 예술가의 길을 말씀하신 것일까? 지금이야 완전히 이해할 수 없지만, 더 나이든 어느 날 문득 이 말씀의 의미를 깨달았으면 좋겠다.

3000 켤레의 발레 슈즈

나는 스무 살부터 발레를 했기 때문에 기본기에 대한 콤플렉스가 있었다. 기본기가 부족하다는 말을 듣지 않기 위해서 강박관념이 생겼고, 그 강박관념이 공황장애로 이어져 고통스러운 시간을 보내기도 했다. 한 동작 한 동작을 완성하기 위해서 얼마나 연습실에서 몸부림쳤는지 모른다. 발레 바를 잡고 기본적인 발레 동작을 반복하면서 무대로 가는 길을 바라보았다. 그때 나에게 필요한 것은 열정과 시간이었다. 지금도 밤하늘의 별처럼 떠올라 있는 발레 댄서들은 모두 무지막지한 연습벌레였다.

러시아 출신의 전설적인 발레리나 안나 파블로바Anna Pavlova 역시 연습광이었다. 그녀는 발레리나들의 선망의 대상이다. 발레를 잘하는 발레리나는 파블로바 같다고도 말한다. 그녀가 무대에 서면 다가가기 어려울 정도로 우아하고 아름다운 백조와 같았다.

그녀가 연습을 하는 태도에서는 종교적인 신성함마저 느껴졌다. 공연이 있는 기간에도 파블로바는 무서운 기세로 연습을 해서 단원들의 비웃음을 사기도 했다. 우리들은 아무리 연습해도 파블로바처럼 되지는 못할 것이다. 그녀와 관련한 유명한 일화 하나를 소개한다.

워싱턴 공연 첫날이었다. 그날의 스케줄에는 무대연습과 레슨이 들어가지 않았다. 스케줄 표를 살펴본 후, 파블로바는 단원들에게 무대로 나오라고 했다. 단원들을 일렬로 정렬시킨 다음에 한 사람 한 사람에게 오늘 연습을 했느냐고 물었다. 단원들은 바쁜 스케줄 때문에 연습하지 못했다고 대답하자 파블로바는 관객들이 초초하게 기다리는 가운데 30분 간 레슨을 하고 무대에 올랐다. 공연은 예정 시간보다 30분 늦게 시작되었다. 나는 바로 이러한 발레에 대한 태도가 그녀를 불멸의 백조로 만들었다고 확신한다. 지금까지도 발레를 이야기할 때는 그녀의 이야기를 한다. 그녀의 명성, 아름다움, 대중들의 사랑은 바로 피나는 연습의 결과이기도 하다. 그걸 잊어서는 안 된다.

개인이 타고난 재능과 능력은 천재를 제외하고는 비슷하다. 마치 출발선상에 서 있는 달리기 선수처럼 우리는 매일매일 같은 시간을 제공받고 비슷비슷한 근육과 힘을 가지고 있다. 신체적인 조건이 짧게

적인 것이 아니다. 러시아와 유럽의 백인들이 중심이 된 발레 무대에서 나는 동양인이라는 단점을 태생적으로 타고 태어났다. 유명한 발레 학교 출신도 아니다. 나의 단점을 들자면 하나 둘이 아니다. 그러나 아무리 어려운 문제도 해답은 단순하고 간단하다. 내가 늦게 출발했으니 그들과 나란히 갈 방법은 연습밖에 없었다. 남들이 한 시간 연습하면 두 시간, 세 시간 연습했다. 남들이 하루를 산다면 나는 하루를 이틀처럼 살면 되었다. 이 단순한 사실을 주저 없이 실천했다.

매일매일 긴장감을 유지하고 반복하다 보면 버릇이 습관이 된다. 이 습관은 국립발레단을 은퇴하기까지 계속되었다. 명절이 되어도 집에 가지 않았다. 부모님께는 대단히 죄송한 일이지만, 그 시간에 연습을 했다. 가족을 잘 챙기지도 못했다.

강연하는 날에도 몸은 청중 앞에 서 있지만, 마음은 항상 연습실에 가 있었다. 내가 선택한 발레에 완전히 몰두하는 것이다. 그래서 단원들을 비롯해 사람들과의 관계가 원만하지도 못했다. 예술가들은 일상적인 삶의 틀에서 벗어나 엉뚱하고 괴팍한 사람을 말하기도 한다. 예를 들어 화가 달리Salvador Dalí는 은행 업무를 보지 못할 정도로 돈에 대한 감각이 없었다. 멀쩡한 사람이 보면 바보처럼 보였다. 니진스키 역시 마찬가지였다. 오로지 발레를 할 때만 그는 빛났다. 어떤 의미에서 그들은 미친 사람이다. 하지만 그렇게 예술에 미쳐서 비로소 높은 경지에 이를 수 있다.

현대 무용가인 이사도라 덩컨 Isadora Duncan은 "예술과 사랑은 한 사람의 모든 것을 요구한다"고 했다. 예술과 사랑, 이 둘의 속성을 비교해 보면 참으로 적절한 비유라고 할 수 있다. 그리고 덧붙여 말했다. "나는 사랑과 예술 어느 쪽을 우위에 두는가를 종종 자문해 보지만 이 둘을 분리시킬 수가 없다. (…) 사랑은 불멸의 아름다움 위에 머무는 것이 허용됐을 때, 바로 영혼의 비전이 되는 것이다."

한밤중에 사랑하는 사람이 보고 싶어 벌떡 일어나 그녀에게 뛰어간 적이 있는가? 실연을 하고 자살을 하고 싶은 심경으로 연인을 간절히 생각한 적이 있는가. 예술가가 작업에 몰두하는 모습은 이러하다. 발레를 그런 심경으로 한다면 당신은 성공한다. 당신에게 주어진 하루를 이틀로, 사흘로 만들어라. 하지만 그 방법은 당신 스스로 찾아야 한다.

그동안 나와 함께 한 발레 슈즈는 3,000 켤레가 족히 넘을 것이다. 춤은 항상 바닥을 딛고 시작하기 때문에 발레 슈즈는 댄서의 연습량이 많으면 많을수록 금방 헤진다. 지난 시절에 슈즈 값을 아끼기 위해 왼쪽과 오른쪽 슈즈를 바꿔 가면서 신어도 일주일에 두세 켤레가 필요했었다.

오늘도 나는 땀에 밴 발레 슈즈를 신으면서 하루를 시작한다. 하루를 이틀로 만들어 버리는 이 마법의 신발이 분명 나를 좋은 곳으로 데려가 줄 것이다. 낡은 발레 슈즈에는 그런 힘이 있다.

그동안 나와 함께 한 발레 슈즈는
수천 켤레가 넘을 것이다.
춤은 항상 바닥을 딛고 시작하기 때문에
발레 슈즈는 댄서의 연습량이 많으면 많을수록 금방 헤진다.

지난 시절에 슈즈 값을 아끼기 위해
왼쪽과 오른쪽 슈즈를 바꿔 가면서
신어도 일주일에 두세 켤레가 필요했었다.

오늘도 나는 땀에 밴 발레 슈즈를 신으면서
하루를 시작한다.

제 3 막

이쇼 라스!

Ещё раз

모래주머니를 차고

유니버설발레단 창단 10주년 기념공연으로 〈잠자는 숲속의 공주 Sleeping Beauty〉(1993년 作)가 기획되었다. 총 제작비 10억 원 이상을 투자하는 두 시간 가량의 전막 공연이었다. 〈잠자는 숲속의 공주〉는 1890년 상트페테르부르크에서 마리우스 프티파 Marius Petipa 의 안무로 초연된 작품이다. 프티파는 프랑스 출신의 러시아 안무가로 60여 편의 발레 작품을 남긴 전설적인 인물이다. 1847년 프랑스에서 러시아 황실 극장에 초청되어 50여 년 간 마린스키에서 활약하면서 러시아 고전 발레의 기틀을 만들어낸 인물이다. 이번 공연은 그의 오리지널 버전으로 우리나라에서 관객들에게 선보인다는 점에서 큰 의미가 있었다. 발레 음악은 차이콥스키의 작품이다.

이 작품은 샤를르 페로의 동화를 줄거리로 하고 있다. 오로라 공주가 마녀 카라보스의 저주로 가시에 찔려 100년 동안 잠에 빠지는데 왕자의 키스로 깨어나 결혼하고 행복하게 산다는 유명한 스토리이다. 동화를 읽고 프티파가 직접 대본까지 쓴 이 작품은 19세기 발레 중에서도 특히 까다롭다는 평가를 받을 만큼 클래식 발레의 모든 것을 담고 있다. 2인무인 결혼식 '그랑 드 파 되Grand Pas de Deux'가 절정이고 파랑새 '파 드 되' 등도 유명한 장면이다.

러시아에서 온 예술 감독 올레그 바노그라노프가 주역 리허설을 참관했다. 세종문화회관에서 모두 세 팀이 리허설을 하고 있었는데 유명한 감독들은 A팀만 보는 것이 관례였다. 그런데 그날은 바노그라노프가 B팀을 보자고 했고, 그 다음엔 C팀도 보자고 했다. 나는 C팀에서 여지현 선배와 리허설을 했다. 리허설을 마치자 객석에 앉아 있던 바노르라노프는 자리에서 벌떡 일어나 박수를 치며 나에게 악수를 청했다.

"감사합니다. 너무 잘 했소."

그는 문훈숙 단장에게 이원국을 파트너로 첫날 첫 공연을 하라고 지시했다. 첫 공연을 한다는 것은 대단히 영광스러운 일이었다. 나에게 주어진 배역은 남자라면 누구나 한 번 꿈꾸어 볼 만한 왕자였다. 깊은 잠에 빠진 공주를 구출하고 행복하게 산다는 스토리는 여성들이 신데렐라를 꿈꾸는 것처럼 모든 남성들의 로망이기도 하다. 비록 현실에

서는 이루지 못할 꿈이라도 무대에서 공
연되는 장면을 보면서 우리는 꿈과 희망
을 가지고 감탄한다.

　행운처럼 다가온 이 공연은 내 발레가
한 단계 더 상승할 수 있는 기회였다. 나는
공연을 준비하면서 색다른 연습 방법을
개발했다. 하체 근육을 단련하기 위해 하
루 종일 모래주머니를 발목에 차고 다니
는 훈련이었다. 모래주머니의 무게를 500
그램부터 시작해서 1킬로그램, 2킬로그램
으로 늘려 나갔다. 이 훈련을 할 때 주의해
야 할 것은 점차적으로 모래주머니의 무
게를 늘려 나가야 한다는 점이다. 만약 그
렇지 않고 서두르면 부상을 당하게 된다. 무더운 여름 날씨에 발목에
땀이 차서 습진이 걸려도 모래주머니를 몸에서 떼지 않았다.

　'이쇼라스!'

　이 말의 뜻은 러시아어로 '다시 한 번!'이다. 내가 단원들에게 가장
자주 쓰는 말이기도 하다. 연습실에서 나는 '이쇼라스! 이쇼라스!'를
반복한다. 이런 버릇은 그동안 발레리노로 살아온 나의 경험에서 나왔
다. 서두르지 말고, 천천히 가되 잠시라도 연습의 끈을 놓으면 안 된다.
이러한 긴장감을 유지할 수 있는 방법이 바로 반복이다. 모래시계가

일정하게 모래를 흘리는 것처럼 연습도 일정하고 꾸준해야 한다. 일상 생활에서 도둑처럼 찾아오는 슬럼프는 어쩔 수 없어도 연습을 하면서 겪게 되는 컨디션이나 감정 기복은 조금씩 줄여나갈 수 있다.

이렇게 연습에 몰두하다 보면 신경이 곤두서고, 몸이 피곤하고 힘들어서 말수가 적어진다. 공연이 끝나기 전까지는 긴장의 끈을 놓을 수가 없다. 공연 중에 작은 실수가 큰 부상으로 이어질 수도 있고 무엇보다 공연을 망치기 때문이다. 그래서인지 나는 공연을 앞두고는 단원들과도 잘 어울리지 않는다. 그런 나의 모습을 보고 건방지다고 해도 어쩔 수 없는 일이다. 나는 이런 지독한 훈련과 연습으로 만족스러운 무대를 만들었다. 무대 인사를 할 때, 같이 고생한 단원들의 얼굴 표정도 관객들의 환호소리에 환하게 밝아졌다.

유니버설발레단에서 제공한 오피스텔에서 있었던 일이다. 여느 때처럼 공연을 마치고 집에 돌아와 우두커니 앉아 있는데 이상한 생각이 들었다. 갑자기 엄습하는 불안한 마음에 소파에서 일어나 거실을 서성거리다가 거울을 보았다. 평소에 자주 보던 거울이지만 그날따라 나의 모습이 생경하게 보였다. 거울 속에서는 화려한 무대에 서 있던 왕자의 모습을 찾을 수 없었다.

"야, 너 누구냐?"

나는 거울 속의 나에게 물었다.

'너 왕자가 아니구나. 너 왜 그렇게 생겼니. 왕자라면 더 우아하고

귀족적인 기품이 있어야지. 넌 부산 촌놈이구나. 너 도대체 누구냐?'

그건 내가 꿈꾸었던 모습이 아니었다. 이전부터 간헐적으로 찾아오는 현실과 무대 사이의 괴리감이 나를 괴롭혔다. 순간적으로 우울한 기분이 들면서 가슴이 답답했다.

나는 옷장에서 흰색 슈트와 바지를 입고 오피스텔의 창문을 활짝 열었다. 12층의 오피스텔 창문을 여니 세찬 바람이 불어 들어왔다. 나는 창문 앞에 서서 멀리 반짝이는 불빛들을 바라보았다. 하늘의 별처럼 멀리서 반짝이는 불빛들은 영롱하고 아름다웠다. 그 자리에서 뛰어내린다면 고통이 사라질 것 같았다. 지상에서 더 아름다운 꿈의 세상으로 날개를 달고 날아갈 것 같았다. 천천히 창문 쪽으로 걸어가 창틀을 잡고 올라가려고 하는데, 초인종 소리가 울리고 누군가가 현관문을 노크했다.

"누구세요?"

나는 천천히 거실을 가로질러 가서 현관문을 열어 주었다. 그때 문을 열고 루마니아 플로린 선생님이 들어왔다. 선생님은 같은 오피스텔의 앞 동에 살고 있어서 잠시 나를 보러 온 것이었다. 현관에 들어온 선생님은 잠시 멈칫 하더니 나를 똑바로 쳐다보고는 고개를 가로저었다. 선생님은 열려진 창문과 나의 흰색 양복 의상, 내 눈동자를 보고 나에게 천천히 다가왔다. 나는 그냥 우두커니 서 있었다. 선생님은 나의 손을 잡고 말했다.

"너, 많이 힘들구나."

"…"

나는 아무런 대답도 하지 않았다.

"혼자 견디기 힘든 일이 있는 법이지. 잠깐 아무 생각하지 말고 있어."

선생님은 흥분한 내 마음을 진정시켜 주었다. 그 도움의 손길로 순간적인 판단을 되돌릴 수 있었다. 그는 가벼워진 내 마음의 무게 중심을 잡아 주었던 것이다. 발레리노가 자신이 꿈꾸는 모습으로 가는 도정에는 고통과 좌절의 통과의례가 있다. 어떤 경우에는 굉장히 혹독하다. 그 과정을 견디고 견디다가 자살 충동을 느낀 적이 여러 번 있었다. 한 번은 알몸으로 단원들의 모임에 서 있기도 했었다. 단원들이 깜짝 놀라 쳐다보면서 한바탕 해프닝으로 끝난 일이었다. 때론 뭔가 터져버릴 것 같은 감정 과잉으로 말미암아 돌발 행동을 하기도 했다. 이 모든 행동들은 과정이었다. 그 과정을 지나니 다른 세상이 나타났다. 정말 나에겐 대단한 무대가 다가오고 있었다. 내가 항상 꿈꾸었던 무대가 활짝 펼쳐진 것이다.

야, 너 누구냐?

나는 거울 속의 나에게 물었다.

그건 내가 꿈꾸었던 모습이 아니었다.
이전부터 간헐적으로 찾아오는 현실과 무대 사이의
괴리감이 나를 괴롭혔다.
순간적으로 우울한 기분이 들면서 가슴이 답답했다.

지젤

나는 지금 대학 졸업 사진을 보고 있다. 학사모를 쓰고 꽃다발을 품에 안고 활짝 웃고 있는 나와 부모님의 모습이 찍혀 있다. 그 웃음의 뒤에는 이제 프로 댄서로 걸어갈 길에 대한 고민도 함께 있다. 유난스러웠던 청소년시절과 대학시절이 지나갔다. 우여곡절을 거쳐 졸업하니 내 앞에 두 갈래의 길이 놓여 있었다.

국립발레단과 유니버설발레단으로 가는 두 갈래 길이다. 이곳들은 우리나라 최고의 발레단이고 발레 댄서라면 누구나 입단하기를 원한다. 전통의 국립발레단과 혁신적인 유니버설발레단 중에서 어디로 가야 할지 고민이었다. 이제 나는 어디로 갈 것인가? 둥지와 같았던 대학에서 벗어나 어쩌면 황무지가 될 수도 있는 사회의 문 앞에 서 있었다. 인생은 매 순간 선택의 연속선상이지만, 그 중에서도 결정적인 한 순간이 있다. 우리들은 대학과 취직 문제로 이런 선택을 해야 한다.

나는 고민 끝에 국립발레단에 지원했다. 우리나라 최고의 발레단이라는 전통이 있었고, 당시에는 국가기관에 소속되어 있었기 때문에 준공무원의 신분증을 발급해 주었다. 발레 댄서로서 그 신분증을 받아들자 그동안 고생하신 어머니가 자랑스러워 하셨고, 나 자신도 뿌듯했다.

'어머니, 제가 발레로 반드시 성공하겠습니다.' 하고 마음속으로 다짐했다.

이미 대학 재학 시절에 이곳에서 클래스도 하고, 〈레퀴엠〉 공연에 객원 주역으로 공연을 한 적도 있어 친밀감도 있었다. 그런데 막상 입단을 해보니 올라가야 할 계단이 너무 많이 있었다. 사회 초년생으로서 조금 건방진 생각인지는 몰라도 이미 선배들이 많이 있어 내가 서 있을 자리가 좁아 보였다. 공연에서도 연차를 중요시하는 보수적인 전통이 있었기 때문이다.

임성남 선생님의 후임으로 김해식 선생님이 단장으로 부임하셨다. 단장님은 모범적인 분이었지만 너무 형식적인 클래스를 진행하시는 스타일이셨다. 김 단장님과는 잘 아는 사이라서 쑥스럽기도 했지만 열심히 해서 좋은 모습을 보여드리고 싶었다.

하지만 국립발레단의 생활은 여러 가지가 나와는 잘 맞지 않는 것 같았다. 연습실에 땀이 떨어지면 이거 누구 땀이냐고 난리가 나기도 했다. 그럴 땐 정말 섭섭한 마음이 들었다. 시간이 지날수록 당시로서는 매우 혁신적인 유니버설로 마음이 움직였다. 그 무렵 연습도중에 큰 부상을 당해 병원에 입원했는데, 그때 국립을 떠나야 되겠다고 마음먹었다.

결국 나는 6개월 후에 유니버설발레단으로 자리를 옮겼다. 유니버설에서는 젊은 댄서들을 각별하게 대접했다. 입단 계약을 하자 오피스텔을 제공해 주기도 했다. 유니버설에서는 연차, 서열에 관계없이 댄서를 지원하는 스타 시스템을 도입했다. 매우 활기차게 움직이는 발레단이었다. 처음에는 솔리스트로 계약을 했지만, 6개월 후에 평가를 통해 주연으로 결정하겠다는 조건을 걸었다. 자신감이 넘치던 시절이라, 당연히 나에게 기회가 올 것이라고 생각하고 나의 유니버설 시절의 문을 열었다.

첫 공연은 〈지젤〉이었다. 아돌프 야당의 3막의 작품으로 〈백조의 호수〉와 더불어 클래식 발레의 고전이다. 1841년 6월 28일 파리에서 초연된 후 지금까지 발레 역사에서 위대한 작품 중 하나이다. 발레 댄서라면 누구나 주인공인 알브레히트와 지젤을 하고 싶어 한다. 이 공연으로 스타가 된 댄서들이 많이 있다. 지젤 역으로 유명한 댄서는 파블로바, 마고트 폰테인, 갈리나 울라노바 등이 손꼽히고, 알브레히트

역으로는 니진스키, 누레예프, 바리시니코프 등 손으로 꼽기에도 부족할 정도이다.

당연히 지젤은 나에게도 선망의 대상이었다. 이 공연에서 이라리온과 군무를 비롯한 3가지 역할을 배정받았다. 주역인 알브레히트 백작 역할을 하지 못했지만 지젤 역할을 했던 여지현 선배의 파트너로 연습했다. 비록 연습 파트너 역할이긴 하지만 나는 마치 알브레히트가 된 것처럼 신명하게 춤을 췄다. 무대만 다르지 지젤의 파트너를 한다는 것은 연습하는 동안에는 주역이 된 거나 마찬가지다.

그런데 행운이 따랐다. 내 연습 모습을 본 예술 감독이 알브레히트 백작 역을 배정해 주었다. 첫 공연부터 기회가 온 것이다. 일종의 행운이었지만 기회가 올 때 그것을 받을 준비가 되었기에 가능한 일이었

다. 누구에게나 살면서 세 번의 기회가 온다고 한다. 많은 사람들이 그 것을 모르고 지나치거나, 설령 알았다 하더라도 준비가 되어 있지 않 아 그냥 눈앞에서 놓치기도 한다.

여러 차례의 공연에서 내 순서가 끝나면 대기조로 남아 무대 뒤에 있었다. 이 시기가 나의 처음이자 마지막 대기조(언더스터리) 시절이 었다. 이 무렵에 동생 결혼식이 공연 다음날인데 올 수 있냐는 전화가 걸려 왔다. 나는 대기조에 머물러 있었기 때문에 단장님께 양해를 구 하고 부산으로 갈 수도 있었다. 그러나 나는 공연 때문에 못 간다고 말 씀드렸다. 하나밖에 없는 동생에게는 미안한 마음이 들었지만, 대학을 졸업하고 이제 막 전문가로 도약하려는 시점에 한 순간도 무대를 비울 수가 없다는 생각이었다. 비록 대기조로 머물면서라도 무대 가까이 있 고 싶었다.

유니버설 입단 초기에는 〈지젤〉과 〈돈키호테Don Quixote〉를 중심으 로 연습했다. 발레 테크닉은 얼마나 노력하느냐에 따라 수준이 올라 간다. 하루에 같은 동작을 100번 이상 연습을 하다보면 일주일 후에는 원하는 동작이 나온다. 아침부터 저녁까지 때론 혼자서 클래스를 하면 서 외로운 시간을 버텼다.

점프력을 향상시키기 위해 피아노 의자를 앞에 놓고 건너뛰기를 반복했다. 처음에는 피아노 의자를 뛰어넘다가, 익숙해지면 의자 위에 책 한 권을 놓고 뛰었다. 책이 2권에서 3권으로 높아지고 나중에서 10

권까지 놓고 뛰었다.

여성 파트너를 들어 올리는 연습도 주위에 물건을 이용해서 했다. 항상 파트너가 같이 있는 건 아니기 때문이다. 연습실의 의자를 들어 올리기도 하고, 무거운 소파를 한 손으로 들어올리기를 반복했다. 의자와 소파를 들었다 놓는 연습을 반복하면 파트너의 허리를 잡고 들었다 놓는 동작이 쉽게 된다. 내 주위에 있는 물건을 이용해서 나는 쉬지 않고 연습을 반복했다. 홀로 가는 먼 길이었다.

이런 연습과 더불어 실제 무대에 적응하는 방법도 스스로 찾았다. 조명이 흐려지거나 꺼지면서 공연장의 무대가 어두워지는 순간이 있다. 조명이 환하게 밝혀진 연습실에서 연습하면 그 분위기와 감각을 익힐 수가 없었다. 나는 밤에 불을 끄고 혼자 연습했다. 텅 빈 연습실 창문으로 달빛이 조용히 스며들어온다. 처음에는 어두워서 동작이 부자연스럽고 다른 집기에 부딪칠까 두려운 마음이 들었다. 하지만 달빛에 조심스럽게 움직이는 동작을 반복하다 보면 달빛이 없는 캄캄한 공간에서도 동공이 넓어지면서 자연스럽게 움직일 수 있었다.

댄서는 무대에서 내려오는 그 순간까지 연습을 해야 하는 운명을 타고 난 사람들이다. 이런 과정을 거쳐 유니버설의 첫 무대인 〈지젤〉을 공연했다. 그리고 지금까지 인연을 이어가고 있는 루마니아의 플로린 선생을 유니버설에서 만났다. 평생 잊지 못할 아름다운 공연이었다. 나의 마지막 작품도 〈지젤〉이 되었으면 하는 생각이 든다.

〈호두까기 인형〉 中에서

점프력을 향상시키기 위해
피아노 의자를 앞에 놓고
건너뛰기를 반복했다.

처음에는 피아노 의자를 뛰어넘다가,
익숙해지면 의자 위에
책 한 권을 놓고 뛰었다.
책이 2권에서 3권으로 높아지고
나중에서 10권까지 놓고 뛰었다.

내 주위에 있는 물건을 이용해서
나는 쉬지 않고 연습을 반복했다.
홀로 가는 먼 길이었다.

댄서는 무대에서 내려오는 그 순간까지
연습을 해야 하는 운명을
타고 난 사람들이다.

유니버설의 일본 공연

유니버설발레단은 의욕적으로 공연을 유치했다. 나는 단원들과 호흡을 맞추면서 활기차게 생활했고, 공연이 거듭될수록 무대에 서는 자신감도 생겼다. 하루하루가 알차고 행복한 시절이었다. 유니버설의 수많은 공연 중에서 아시아 발레의 메카라고 할 수 있는 일본 공연이 인상적이었다.

일본투어 공연은 서른 곳 이상의 도시를 옮겨 다니면서 오십여 회 이상의 공연 스케줄을 소화해야 했다. 한마디로 강행군이었다. 창작 발레인 〈심청〉과 클래식 발레의 고전인 〈백조의 호수〉 등을 무대에 올렸다.

하루 종일 공연일정은 빡빡했다. 아침에 일어나 버스를 타고 이동하고, 공연을 마치고 숙소로 돌아오면 밤 11시가 된다. 그때부터 휴식시간이 주어진다. 호텔의 객실은 2인 1실을 쓰게 배정되어 있어 있었다. 동료가 쉬고 있는 객실에서 연습을 할 수가 없었다. 나는 그 시간이 아까웠다. 다음날 공연을 대비해 호텔 객실 엘리베이터 앞 공간에서 연습했다.

단원들이 지나가면서 나의 모습을 보고 뭐 저렇게까지 하나 싶은 눈초리를 보내기도 했지만 나는 전혀 의식하지 않았다. 나에게 중요한 것은 공연이었기 때문이다. 풍차를 향해 창을 들고 질주하는 돈키호테처럼 굴었다. 그것이 과시용이 아닌 진정성이 있다면 누가 뭐라 해도 쑥스럽거나 부끄럽지 않다. 주어진 조건에서 최선을 다한다는 마음만 있으면 된다.

이것저것 눈치보고 우물쭈물하는 사이에 시간은 야속한 연인처럼 떠나가 버리기 때문이다. 만약에 파블로바가 나의 그러한 모습을 보았다면 분명히 칭찬을 하고 같이 연습했을 것이다. 예술가는 남의 눈치를 보는 순간 타락하고 만다. 예술가는 자기 자신에게 정직해야 한다.

나는 〈심청〉 1막에 등장하는 바리아시옹을 새롭게 해석해서 선보였다. 특히 〈심청〉에서 '문 라이트 파 드 되'가 관객들에게 좋은 반응을 얻었다. 매 공연마다 내가 관객들에게 보여줄 수 있는 테크닉과 연기를 마음껏 발산했다. 공연에 대한 관객들의 반응을 살펴보면, 클래식 발레보다는 〈심청〉을 더 좋아하는 느낌이 들었다. 객석에서 일본인들이 빅 수갈채를 보내는 모습과 공연이 끝난 후에 관객들이 문훈숙 단장님과 나의 사인을 받으려고 줄을 섰다. 관객들의 열정을 온몸으로 느낄 수 있었다.

우리 공연은 전체적으로 관객들의 좋은 반응을 얻었지만, 어떤 부분은 내가 생각한 만큼의 반응이 나오지 않았다. 관객은 객관적으로 나의 발레를 평가하고 반응하는 애호가들이다. 그들이 스타를 만들게도 하고 은퇴하게도 할 수 있다. 소중하지만 무서운 사람들이 바로 관객들이다.

나는 이때부터 고전 발레와 더불어 창작 발레에도 관심을 두고 연구했다. 그래서 우리의 전통 음악인 〈옹혜야〉로도 발레가 가능했다. 발레는 수세기에 걸쳐 천재적인 안무가들의 연구로 발전해 가고 있는 예술 장르이다. 발레의 가장 기본적인 동작에서 파생되어 나오는 동작들은 안무가의 창작에 의해서 발전하는 춤이다.

국악을 비롯한 어떤 음악도 발레 음악이 될 수 있다. 중요한 건 댄서의 진정성이고 관객들의 반응이다. 아무리 파격적인 안무로 공연을 해도 지속되지 않는 공연이 있다. 그건 일종의 실패라고 할 수 있다. 하지만 실패는 성공의 어머니라는 말처럼 도전하면서 발생하는 무수한 실패를 통해서 걸작이 탄생하고 세기를 넘어서 사람들의 사랑을 받는 것이다.

시대의 따라 발레를 자유롭게 해석하고 연구해서 새로운 모습을 보여준다면 발레가 좀더 대중에게 가까이 다가갈 수 있을 것이다. 유니버설발레단의 특성상 통일교 신도 관객들이 많았지만, 일본 관객들

〈옹해야〉中에서

도 상당히 많이 관람했다.

　일본은 동아시아에서 발레의 천국이다. 댄서들의 개런티도 세계 최고 수준이다. 스타 댄서는 개런티가 6만 달러 이상이라고 한다. 세계적인 스타 댄서들이 일본에서 공연을 하면 최고의 대접을 받는다. 이러한 일본의 발레 시장이 가능한 것은 당연히 관객들의 힘 때문이다. 이미 오래 전에 발레를 접한 일본인들은 발레를 사랑하고 소중하게 여기고 있다. 일본에는 1,000여 개 이상의 아마추어 발레단이 있고, 공연 무대도 상당한 수준이다. 현재 이원국발레단에도 일본에서 온 발레리나들이 있다.

　국제적인 발레단의 주연급 댄서들 중에서 일본인 출신들이 많이 있다. 러시아나 유럽 사람들에 비해서 신체적으로는 불리한 조건에 있지만, 최고의 발레 댄서가 반드시 팔 다리가 길고 늘씬해야만 하는 것은 아니다. 중요한 것은 발레 댄서의 실력이다. 탁월한 실력이 있다면 무대 위에서 참으로 놀라운 변신을 한다. 실력만 있다면 유럽인들에 비해 열등한 외모가 매력적으로 보이기도 한다. 실력은 신체적인 열등함마저도 극복하는 신비한 힘이 있다.

　일본 공연 투어를 마치고 귀국한 후, 나는 아쉽게 생각되는 부분을 집중적으로 연습하기 시작했다. 공연을 하면서 연습할 때 느끼지 못했던 단점들이 보였기 때문이다. 무대에서 관객들의 반응을 몸으로 체험하면 자신의 장단점이 잘 보이는 법이다. 발레 댄서는 공연을 통하여 성장한다. 그런 의미에서 공연의 활성화가 중요한 것이다.

〈말러 교향곡 5번〉中에서

유니버설은 통일교에서 투자한 무용단이다. 기독교 정통 교단이 아니기 때문에 이런 저런 말들이 있긴 했지만 예술에 투자하는 메세나에게 나는 고마운 마음을 가지고 있었다. 일본에서 공연할 때에도 통일교 신도들을 중심으로 우리 단원들을 극진하게 대접해 주었다. 이동할 때 각종 편의를 제공해주어 단원들이 공연에 집중할 수 있었다. 나는 종교를 가지고 있지 않았지만, 예술가의 영혼이 신성한 종교의 속성도 가지고 있다고 믿는다.

나는 발레를 내 종교로 생각하기 때문에 자신이 믿는 신에게 기도하는 사람의 마음도 신성하고 귀한 자세라고 생각한다. 발레는 몸 예술이지만 몸에 깃든 영혼의 울림이기도 하다. 내가 사랑하는 발레 〈지젤〉도 어찌 보면 영혼의 이야기이다. 윌리라는 죽은 자들의 영혼과 윌리가 된 지젤의 극진한 사랑. 〈지젤〉의 두 연인도 결국은 영혼으로 완성되는 사랑의 결정체를 보석처럼 보여주고 있다. 춤은 영혼이 깃든 몸의 울림이기 때문이다.

〈춘향〉中에서

발레 그만 할까?

그 동안 다양한 매체와의 인터뷰를 통해서 발레에 대한 나의 철학과 소신을 이야기하곤 했다. 시기별로 다양한 기자들의 질문에 진솔하게 대답했다. 예술가들은 언론의 평가에 대해서 너무 예민하지 않는 것이 좋다. 간혹 예술가들이 정치인처럼 구는 모습을 보면 안타깝기도 하다. 예술가는 외부 조건에 휘둘리지 않고 신념이 강해야 하기 때문에 외로운 순간이 많이 있다. 그 순간에 엉뚱한 생각이 들기도 한다. 예를 들어 이런 생각을 한 적도 있다. 이제 발레 그만 할까? 그럴 때면 내가 나에게 던지는 이 질문에 도리어 되물었다.

"그럼 나는 왜 사는 건가?"

내가 발레를 그만둔다는 것은 결국 삶을 포기하는 것이다. 좌절의 순간에 문득 도둑처럼 찾아오는 이런 생각들은 부질없지만, 언젠가 한 번은 심각하게 고민한 적이 있었다.

1997년 내가 서른한 살 되던 해 유니버설발레단에 새로운 예술 감독이 부임했다. 발레단의 수석 댄서와 예술 감독은 밀접한 관계를 유지해야 한다. 그런데 그는 나와는 스타일이 많이 달랐다. 나는 동유럽과 러시아 발레의 웅혼하고 자유로운 발레에 익숙해져 있었다. 미국 예술 감독이 요구하는 스타일과는 많이 달랐다.

그와 사소한 일로 마찰을 빚기도 했다. 우리들은 프로 발레 댄서들인데 마치 학생들을 다루는 것처럼 출석 체크와 시간 체크를 하기도 했다. 시간이 지날수록 예술 감독과 나의 마찰은 의외로 심각했다. 두 사람 간의 갈등이 유니버설발레단 전체의 고민거리가 되어 버렸다. 절이 싫으면 중이 떠나는 법이 아닌가, 나는 미련 없이 발레단을 떠나기로 결심했다.

발레단을 나오면서 나는 그에게 한 마디 했다.

"앞으로 10년 안에 나와 같은 댄서를 만날 수는 없을 거요."

발레단에서도 예술 감독과의 계약 관계 등 복잡한 문제가 있어 나를 잡지는 못했다. 이것이 내가 유니버설을 떠난 이유다. 내 결정에 후회는 없었다. 그런데 유니버설을 나와서 막상 내가 설 무대가 없다는 사실을 알고는 심각한 고민에 빠졌다.

어느 날 갑자기 아무런 준비도 안 된 상태에서 정리해고를 당한 실직자처럼 나는 자포자기하는 심경이 되었다. 이제 서른 살도 넘어가고 해서인지 발레 댄서로서는 사양길에 접어든 것이 아닌가? 이제 발레를 그만 하라는 이야기인가? 등 여러 가지 상념에 시달렸다. 그런데 이상한 일이었다. 이런 생각을 하면서도 나의 몸은 움직이고 있었다. 나의 생각과는 달리 나의 몸은 춤을 추고 있었다.

그 즈음에 국립발레단의 최태지 단장님으로부터 연락이 왔다. 국립발레단의 이집트 이스라엘 공연에 같이 가자는 제의였다. 그것은 국립발레단으로 들어오라는 말이었다. 대답도 하기 전에 이미 춤을 추고 있는 몸과 마음은 〈해적 Le Corsaire Pas de Deux〉 공연과 함께 이집트로 떠나고 있었다. 이를 계기로 나는 국립발레단에 다시 입단했다. 그때가 1997년이었다.

대학을 졸업하고 첫발을 디뎠던 국립발레단이다. 단원으로 6개월 정도 있다가 나온 곳이기도 하다. 여기에서 과연 내가 잘 적응할 수 있을까 싶은 마음이 들었지만, 국립발레단은 이미 새로운 모습으로 변신하고 있는 중이었다. 새로운 발레 스타를 중심으로 무대가 활기차게 돌아가고 있었다. 그 즈음이 국립발레단의 봄이라고 할 수 있을 것 같다. 특히 해외 유학을 마치고 국내로 돌아온 김지영, 김주원, 김용걸의 기량이 탁월했다. 여기에 새로운 마음으로 내가 가세해서 최태지 단장님을 중심으로 나와 김주원, 김용걸과 김지영이 파트너가 되어 무대에 올랐다. 이들 중에서 내가 제일 연장자이기 때문에 공연 이외에도 단원들의 관계를 이끌어나가는 조직의 리더로서 역할해야 했다.

당시 나의 파트너였던 김주원에게 그동안 나의 무대 경험을 바탕으로 서로 대화하면서 그녀가 최고의 댄서가 될 수 있도록 도와주고 싶었다. 더불어 많은 후배들에게도 마찬가지였다. 예술가에게는 선후배 관계가 그리 중요하지 않다. 나이가 어리다 하더라도 주역을 할 수 있는 실력이 있으면 된다. 하지만 조직의 특성이 리더를 필요로 한다. 젊은 스타 댄서들에게 용기를 주고 자신감을 심어주어 선배들의 눈치를 보지 않게 돌보는 일도 내가 할 일이었다. 이렇게 나의 국립발레단 시절의 문이 열렸다.

〈돈키호테〉 中에서

이쇼라스!

이집트 공연 리허설 中에서

어느 날 갑자기 아무런 준비도 안 된
상태에서 정리해고를 당한 실직자처럼
나는 자포자기하는 심경이 되었다.

그런데 이상한 일이었다.
이런 생각을 하면서도
나의 몸은 움직이고 있었다.
나의 생각과는 달리
나의 몸은 춤을 추고 있었다.

오빠 고마워

유니버설발레단에서 만났던 강예나는 우아하고 멋진 발레리나였다. 그녀의 파트너로 함께 하면서 나는 일부러 냉정하고 힘들게 한 적도 있다. 파트너로서 미안한 마음도 있었지만 좋은 공연을 위해서 그렇게 할 수밖에 없었다. 언젠가는 그녀도 알 것이라고 생각했다. 그녀는 아메리카 발레시어터에서 활동하다 몇 년 만에 나를 찾아와 말했다.

"오빠, 고마워."

그리고 어느 날 발레리나 김지영에게도 문자 메시지를 받았다.

"이제야… 아저씨 마음을 이해할 수 있겠네요."

‘이제야’라는 말이 고마웠다. 이제야는 20년의 세월이 흐른 뒤였다. ‘이제야’ 이해할 수 있다는 말 속에는 그녀가 그동안 살아온 날들이 포함되어 있다. 세월이 흘러 그녀도 후배와 제자들을 보살펴야 하는 자리에 있으니 뭔가 생각난 게 있었나 보다. 그녀도 선후배 간의 마찰을 비롯해 여러 가지 어려운 일들을 겪었을 것이다. 그때 내가 한 행동과 말들이 생각난 모양이다. 선배로서 나를 잊지 않고 문자 메시지를 보내는 마음이 고마웠다.

생각해 보니, 국립발레단 최태지 단장의 파격적인 대우로 이십대 초반의 젊은 스타들이 주역으로 활동할 수 있었다. 김지영, 김주원, 김용걸이 바로 그들이었다. 나는 이 후배들과 함께 서로 끌고 당기면서 뜨거운 무대를 만들어 나갔다. 국립발레단 단원들 중에서 선배이며 수석이었던 나는 처신하기가 곤란할 때가 많았다. 내가 단원들을 이끌고 나가야 하는 중간 자리에 있기 때문이었다. 외골수로 공연에 몰두 했던 나는 혹독하게 단원들을 대하기도 하면서 한편으로 따뜻한 마음을 전달하기 위해 노력했다. 그 방법이 후배나 제자들이 성장하는 비결이라고 믿었기 때문이다.

사람들은 누구나 선배가 된다. 후배의 자리는 선배의 자리로 올라가기 위한 디딤돌이다. 선배가 되면 후배 시절에 보지 못했던 것들이 많이 보인다. 후배들을 다정하게, 때론 냉정하게 대해야 한다. 특히 예술가들은 자신의 에고가 강한 사람들 아닌가?

한 시절, 나는 성정이 불같아서 건드리면 폭탄이라는 평가를 받기도 했지만 선배들은 나의 그런 모습을 잘 보아 주었다. 나 역시 선배의 자리에 올라가 후배들을 이끌기 위해 많은 노력을 했다. '가지 많은 나무 바람 잘 날 없다'는 우리 속담처럼 발레 시작한 후 지금까지 여러 단체에서 활동하면서 사소한 마찰이 있었다. 어떤 조직이라도 문제점이 있기 마련이다.

하지만 서로 다른 위치에 있는 단원들 간에 소통이 원활하지 않으면 좋은 공연이 나올 수 없고, 개인에게도 치명적인 상처가 된다. 국립발레단과 유니버설의 수석 무용수로서 나는 단원들의 관계를 잘 조율해야 했는데, 그것은 매우 어렵고 복잡한 일이었다. 그러나 그 시절을 함께 한 후배들이 오랜 세월이 지난 뒤에 다정한 말과 메시지를 보내

주니 말로 표현할 수 없이 기쁘다. 지금은 내가 그들에게 말하고 싶다.

'미안하다고? 아니야, 도리어 내가 미안하고 고마워.'

더불어 주역들을 빛나게 해주는 군무를 비롯한 단원들의 다정하고 고마운 마음이 없었으면 좋은 무대는 만들어 질 수가 없는 것이다. 모두가 고마운 마음들이었다. 우리들은 서로를 배려하는 마음과 무대에 대한 연대감으로 슬기롭게 어려운 문제를 극복하면서 최고의 무대를 만들기 위해 노력했다. 세월이 지나 나도 이원국발레단의 단장으로 활동하니 그 시절 최태지 단장의 마음이 얼마나 고마운 것인지 알게 되었다. 최태지 단장님께 고마운 마음을 전한다.

〈호두까기 인형〉中에서

더불어 주역들을 빛나게 해주는 군무를 비롯한
단원들의 다정하고 고마운 마음이 없었으면
좋은 무대는 만들어 질 수가 없는 것이다.

모두가 고마운 마음들이었다.
우리들은 서로를 배려하는 마음과
무대에 대한 연대감으로
슬기롭게 어려운 문제를 극복하면서
최고의 무대를 만들기 위해 노력했다.

〈해적〉中에서

같은 배역, 다른 배역

지난 2000년 국립발레단 〈로미오와 줄리엣〉 공연 첫날에 배역
이 갑자기 바뀐 일이 있었다. 주역으로 내정되어 있던 내가
사제 로렌스 역할을 하게 되었다. 이미 공연 광고까지 나간 상태여서
관객들이 내 공연을 보고자 예매를 한 상태였다. 안무가가 어떤 생각
으로 그런 결정을 했는지 나는 납득이 되지 않았다. 이런 행동은 국립
발레단의 수석에 대한 예우가 아니다 싶은 생각이 들어 나는 사제 배
역을 거절했다. 그러자 국장이 나에게 말했다.

"만약에 배역을 거절하면 보이콧을 하는 것이다. 당신 시말서 써라."

시말서라는 말에 나는 더 마음이 상했다.

"나는 시말서 따위는 안 씁니다. 써 본적도 없고요. 국장이 알아서 하세요."

나는 주역에서 내 이름이 빠지면 엄청난 스트레스를 받는다. 이것은 나의 자존심이기 때문이다. 납득하기 어려운 이유로 갑자기 배역을 교체하면 나는 받아들이지 않았다. 내가 신부 역할을 거부한 것은 왜 그 역할을 해야 하는지 설득력 있는 이유가 없었기 때문이다. 어린아이처럼 왕자를 안 시켜주니까 투정을 부리는 것이 아니다. 안무가의 의도가 선명하게 보이고 내가 거기에 필요한 역할이라면 반발하지 않았을 것이다.

국립발레단에서 〈로미오와 줄리엣〉을 몬테카를로발레단Ballet Russe de Monte Carlo의 버전으로 공연했을 때였다. 나에게 주어진 배역은 사제 로렌스 역할이었다. 왕자 역할이 아닌 것에 대해 의아해 하는 사람들이 많았다. 하지만 이 공연은 국립발레단이 〈로미오와 줄리엣〉을 새롭게 만들어 올린 작품이다. 고전적인 낭만 발레 〈로미오와 줄리엣〉에서 벗어나 로미오와 줄리엣을 이어주는 사제의 역할이 부각되는 작품이었다.

이 작품에서 사제는 전체적인 흐름을 끌고 나가는 진행자처럼 위치한다. 줄리엣을 사랑하고 금지된 사랑으로 괴로워하고, 그녀의 주위를 맴돌며 안타까워하는 인간 로렌스의 모습이 매력적이었다. 안무가의 파격적인 발상으로 테크닉 역시 기존의 고전적인 발레 테크닉으로 구성되어 있지 않고, 모던하고 다이나믹한 동작으로 구성된 전혀 다른

〈돈키호테〉中에서

〈로미오와 줄리엣〉이었다. 동 작구성이 난해했지만 몬테카 를로발레단 안무가 지오반나 로렌조 선생님의 섬세한 지도 로 잘 소화할 수 있었다.

이것은 같은 배역이지만 다른 배역이다. 같은 발레이지 만 안무가의 의도에 따라 얼마 든지 주역의 자리가 바뀔 수 있고, 타당한 이유로 그 역할 을 배정받았다면 누구나 도전 하고 싶은 것이다. 그럼으로써 〈로미오와 줄리엣〉을 비롯해 서 고전 발레들이 새로운 안무 로 재탄생하기도 한다.

2014년 이원국발레단에서 〈백조의 호수〉를 공연했다. 기 존의 무대에서는 볼 수 없었던 새로운 배역도 만들었고, 어린 댄서를 등장시켜 나와 함께 하 는 2인무 파 드 되를 삽입시켰다. 전막으로 공연하기도 하고, 월요 발레처럼 부분 공연을 하기도 했다. 관객들의 반응은 좋았다. 발레 공연은 시대에 따라 다양한 안무를 통해 발전한다.

세상을 변화시키고 싶다면 우선 내가 변화하라는 말이 있다. 세상의 중심에 서고 싶다면 중심으로 가는 방법과 지금 있는 그곳을 중심으로 만들어 버리는 방법이 있다. 로미오가 아니라 사제가 중심이 될 수도 있는 안무는 우리들의 삶에도 값진 의미를 던져 준다.

당신이 지금 살고 있는 그 자리, 인생 무대를 발레로 비교하자면 당신이 받은 배역이 주역이 아닐 수도 있다. 그때 좌절하지 말고 당신 인생의 안무를 새롭게 하라. 그래서 그 자리를 주역으로 만들어 버려라.

당신 인생의 안무가는 바로 당신이다. 당신을 '로미오'로 만들 수도 있고, '사제'로 만들 수도 있다. 그냥 배경으로 걸어가는 '주변인'으로 만들 수도 있다. 인생을 무대에 비교하고 어느 자리에 서고 싶은지 잘 생각해 보기 바란다. 그 자리가 떠오르면 당신이 주인공이 되는 인생을 만들 수 있다. 아무도 그것을 대신해 주지 않는다. '내가 할 수 있을까?' 하고 생각하는 대신에 '나는 할 수 있다'고 하는 생각하는 발상의 전환. 그것이 당신을 진정한 주역으로 만들어 줄 것이다.

당신이 지금 살고 있는 그 자리,
인생 무대를 발레로 비교하자면
당신이 받은 배역이 주역이 아닐 수도 있다.
그때 좌절하지 말고 당신 인생의 안무를 새롭게 하라.
그래서 그 자리를 주역으로 만들어 버려라.

당신 인생의 안무가는 바로 당신이다.

좋은 선생

이제 정상에 섰다고 생각한 순간 눈앞에 더 높은 봉우리가 버티고 있는 형국이랄까? 한 고비를 넘기면 또 한 고비가 찾아왔다. 또 그 봉우리를 올라갔다. 그러다 보니 먼 길을 가게 되었다. 가끔은 당장 쓰러지고 싶을 때 바로 한 발자국만 더 걸으면 된다는 심정으로 다시 일어나기도 했다. 내가 그동안 춤추면서 걸어온 길을 뒤돌아보면 이런 일의 반복이었다.

이 경험들이 춤에서 나타난다. 해마다 같은 작품을 공연해도 해마다 다른 느낌으로 춤춘다. 춤도 나무처럼 점점 성숙해지는 것이다. 춤의 나무에 물을 주는 사람이 바로 선생님들이다. 나의 춤은 선생님들의 작품이기도 하다. 세계적인 대가들과 함께 하면서 댄서는 점점 성장하게 된다. 댄서의 장단점을 파악하고 그가 성장할 수 있는 자양분을 공급하는 사람이 선배님이고 선생님이다. '내가 과연 할 수 있을까' 하는 두려움을 극복하고, 어려운 공연을 성공적으로 마치고 나면, 언제나 무대 뒤에서 지켜보는 선생님이 계셨다.

제자들이나 후배들의 교습에 임할 때는 아무리 사소한 것도 놓쳐서는 안 된다. 발레 동작은 말할 것도 없고, 생활습관이나 버릇을 유심히 보면 큰 도움이 될 때가 많다. 나 역시 수업 시간 이외에 그들의 태도나 행동을 통해서 깊은 생각을 하곤 했다. 선생님의 그림자도 밟지 말라는 우리의 전통은 참으로 고귀한 가르침이다. 제자들에게는 선생님의 움직임이나 일상적인 행동 하나 하나가 감동스럽게 다가오기 때문이다.

국립발레단에서 만난 러시아의 마리나 코트라체바 선생님. 이미 환갑을 넘기고 할머니라고 할 수 있는 분이었지만 조용하고 기품 있는 태도로 우리들을 지도했다. 리허설 장에서 선생님의 말과 태도에는 러시아 귀족의 품위가 있었다. 문화적인 깊이가 엿보이는 안무를 보면서 이 장면에서 이렇게도 할 수 있는 거구나 싶었다. 백조 한 마리가 앉아 있는 느낌이 들기도 했다. 비록 여자로서는 나이가 들어 전성기가 지났지만, 원숙한 여인의 모습은 예사 할머니와는 판이하게 다르셨다.

한 번은 선생님이 걸어오시는 모습을 멀리서 본 적이 있었다. 걸음

걸이가 당당하면서 기품이 있으셨다. 높은 계단을 올라갈 때 뒤꿈치가 바닥에 닿지 않으셨다. 발바닥의 반만 계단에 걸치고 뒤꿈치로 들어 올리면서 올라가시는 모습. 저것은 오래된 연습에서 오는 습관이라는 생각이 들었다. 그 모습을 보면서 나는 감동하고 말았다. 저절로 선생님에 대한 존경심이 우러났다. 스승에 대한 존경심이 발현되는 순간 마음과 눈이 열린다. 그때부터는 스승의 모든 행동이 다 가르침된다.

책과 영상을 통해서 스승을 만날 수도 있다. 위대한 발레 댄서의 공연과 화보를 보면서 동작을 연구한다. 나에게는 누레예프Rudolf Nureyer가 그런 경우이다. 우리 연습실에는 누레예프의 상반신 사진이 걸려 있다. 사진가가 담아낸 그의 표정과 손동작을 보면서 표정 안에 숨겨져 있는 그의 본질을 보고 싶기 때문에 걸어두었다. 나의 우상이라고도 할 수 있는 누레예프는 1988년 한국을 방문했다. 막 발레에 입문하던 시절이어서 그에 대한 경외심보다는 호기심으로 공연장을 찾았다. 이미 전성기의 모습은 아니었지만 세계적인 댄서를 가까이에서 봤다는 사실만으로도 만족했다.

만약에 지금 내가 그를 만난다면 하루 종일 그의 곁을 떠나지 않을 것이다. 하지만 그때는 그의 존재에 대해 잘 몰랐다. 그저 유명한 댄서이구나 싶은 정도였다. 내가 보고 있는 존재의 가치를 알아야 보이는 것이다. 모르면 황금덩어리가 앞에 있어도 그냥 지나치기 마련이다.

그의 일생을 다룬 다큐멘터리 필름을 보면 마지막 장면에 바다를 향해 수평선으로 헤엄쳐 나가는 모습이 나온다. 바다의 끝에 닿아있는 하늘로 가려는 것인가? 그 필름의 마지막 컷이 나의 마음속에 항상 여운으로 남아 있다.

누레예프와 같은 스타들의 공연모습이나 화보 사진들을 본다는 것은 위대한 스승을 가까이에서 모시고 배우는 효과가 있다. 나는 누레예프를 비롯한 발레 스타들의 사진을 보면서 그들의 동작을 배우기 위해 부단히 노력한 편이다. 자신은 권위자가 되었지만 제자를 기르지 않는 스타들도 있다. 오로지 자신의 완성을 향해 나아가다가 사라지는 전설적인 인물들. 그들과는 달리 제자를 위한 교육에 투신하는 스타 선생님들도 많이 있다.

"학문이란 잠시도 쉬어서는 안 된다. 푸른색은 쪽에서 나오지만 쪽보다 더 푸르고, 얼음은 물을 만들지만 물보다 더 차다."

『순자』의 〈권학勸學〉에서 '청출어람靑出於藍'을 설명하는 문장이다. 스승과 제자의 관계를 잘 설명하고 있다. 제자는 스승이 가진 것을 다 배우고, 더 나은 방향으로 나아가야 한다. 발레는 잠시도 쉬어서는 안 된다. 잠시 쉬는 순간 얼음은 녹아버리고, 더 쉬면 물이 되었다가, 더 쉬면 수증기가 돼서 하늘로 증발되어 사라져 버린다. 발레 댄서의 몸과 정신은 항상 얼음처럼 단단하고 차가워야 한다. 그 결정체가 보석처럼 빛나는 자리가 무대이다.

우리 단원들에게 클래스를 하면서 특별한 설명 없이 툭 한 마디를 던질 때가 있다. 그 한마디를 지나치지 않고 잘 알아듣는 단원이 있다. 그가 평소에 많은 고민을 했다는 증거이다. 선생님의 사소한 동작 하나를 보고, 잘 풀리지 않던 의문점들이 어느 한순간에 풀리기도 한다. 열 마디의 설명보다 촌철살인의 단 한마디가 한 동작으로 다가오는 순간은 새가 알을 깨고 나오는 순간과 비슷하다. 그 전에 길고 어두운 터널을 통과하는 연습을 해야 깨달음이 순간적으로 터져 나온다.

고독을 괴물 보듯 하면 안 된다. 성공적으로 일하는 사람들의 특징은 외로움을 잘 견뎌낸다는 점이다. 올림픽에서 역도 선수가 무거운 바벨을 들어 올리는 순간을 기억하라. 짧은 한순간에 힘을 집중해서 200킬로그램, 300킬로그램을 들어올린다. 그에겐 얼마나 고독하고 외로운 연습이 있었을까? 발레 역시 한순간에 도약하고 회전하면서 사람들에게 감동을 준다. 당신의 멋진 모습은 외롭고 괴로운 연습의 순간을 견뎌냈을 때에만 하늘에서 내려오는 천사의 선물이다.

내가 부족해서 못 가지는 것이다. 내가 모자라서 채워지지 않는 것이다. 남 탓을 하는 순간에 나는 끝장난다. 나를 탓하고 나를 채워라. 그것이 스승에게 배우는 가장 좋은 방법이다.

〈탈리스만〉 中에서

아라베스크

나는 잠을 잘 때도 연습을 했다. 잠을 자면서 연습을 한다는 말은 몸의 내면인 마음에 발레연습실을 만들어 두고 있다는 말이 된다. 꿈속에서도 연습을 하다보면 그 꿈이 현실로 나타난다. 꿈을 이룬다는 것은 그런 의미가 아닌가 싶다. 공연을 위해 비행기나 버스로 이동할 때 좌석에 앉아서도 발을 움직였다.

심지어는 연습실에서 편의점으로 물건을 사러 갈 때에도 발레 동작을 하면서 걸어갔다. 발레 타이즈를 입은 채로 연습실에서 나와 무대 위를 걸어가는 왕자처럼 한 걸음 한 걸음 동작을 취하면서 걸어서 간다. 거리에 사람들은 내가 지나갈 수 있게 길을 비켜 주었다. 아마도 놀라서 그럴 것이다. 연습을 마치고 집으로 가는 버스를 탈 때도 공주를 향해 나아가는 왕자의 포즈를 취하면서 버스 정거장까지 가기도 했다. 정거장에 있는 사람들이 나를 보면서 키득거리기도 한다. 내가 기다린 버스가 도착하면 마치 왕자가 공주에게 가듯이 다가갔다. 한 시절 나는 일상생활도 발레 동작을 하면서 살았다.

아라베스크라는 발레 동작이 있다. 한쪽 다리로 몸을 지탱하면서 다른 다리는 뒤로 쭉 뻗는 자세이다. 관객들을 보면서 하는 동작은 아라베스크 드 파스 Arabesque de face이다. 〈백조의 호수〉를 공연할 때 달빛 은은한 호숫가에서 백조와 왕자가 펼치는 사랑의 2인무 중 발레리나가 보여주는 아라베스크는 사진가들이 좋아하는 동작이다. 왕자가 백조의 허리를 잡고 백조가 한 다리를 뒤로 들어 올리면 발레리나의 토슈즈가 아슬아슬하게 무대에 닿아있는 장면. 발레리노가 그녀의 허리를 받히고 있다. 이 장면은 클래식 발레의 가장 아름다운 장면으로 기억된다.

아라베스크는 외로운 동작이다. 미와 고독은 서로 연결되어 있다. 발레 공연은 댄서를 비롯하여 많은 인원이 참여하는 공동 작업이지만, 무대에 오르기 전의 과정은 결국 홀로 연습실에서 땀을 흘리는 시간이다. 나는 대학을 졸업하고 비교적 화려하게 무대에 올랐지만, 유니버설발레단 시절에는 항상 외롭고 갈 길이 멀어보였다.

당시 나의 발레는 초등학생이 중등과정을 건너뛰고 대학에 들어

간 모습에 비유할 수 있다. 기본기가 부족하기 때문에 프로로 활동하면서 항상 기본기 훈련에 충실했다. 고독과 대화하면서 연습을 거듭하는 수밖에 없었다. 아라베스크 동작은 이러한 나의 상태를 잘 표현하고 있다. 다음에 어디로 어떻게 어떤 동선을 그리면서 무대로 나아갈 것인가? 이 동작은 무대를 디자인하는 댄서의 고독한 모습이기도 하다. 그냥 있는 것이 아니라 어떤 아이디어를 표현하고 있어야 하기 때문이다.

예를 들어 〈백조의 호수〉와 〈지젤〉에서 아라베스크는 서로 다른 동작이다. 〈백조의 호수〉에서 오데트가 날아가기 전에 동작을 잠시 정지한 형태의 아라베스크와 〈지젤〉에서 지젤이 유령으로 등장했다가 다시 돌아가야 할 땅을 향하는 정지 동작의 아라베스크는 차이가 있는 것이다. 이때 무대를 향해 얼굴을 둘 것인가, 얼굴의 옆 라인을 보여줄 것인가, 사선으로 향할 것인가에 따라서도 댄서는 다른 모습으로 보인다.

아라베스크를 비롯한 발레의 동작은 어떻게 완성되는 것인가? 나는 연습을 하면서도 항상 고민을 했다. 전신 거울 앞에서도 내가 나를 보지 못하는 자세이기 때문이다. 그때 선생님의 한 마디나 그냥 툭 치고 지나가는 손길이 동작을 완성시키는 연결고리가 되기도 했다. 움직이지 않는다는 것은 동작의 이전이나 이후의 상태가 아니라 그것으로 완성된 동작이다. 이렇게 한 동작 한 동작들을 점차적으로 완성시켜

〈파우스트〉中에서

나가면 물이 흘러가듯, 자연스럽게 무대에서 춤을 추게 된다. 춤의 다양한 동작들을 몸이 외운다. 노트에 적거나, 책을 읽으면서 하는 것이 아니라, 몸으로 쓰고 몸으로 읽어내서 외우는 것이다. 한 동작을 완전히 소화하면 다른 동작을 할 때도 자연스럽게 그 동작이 나오면서 춤이 서로 연결된다.

르네상스의 천재 미켈란젤로가 작품에 임하는 자세를 읽었다. 그때 바로 이런 모습이 세계적인 거장을 만들어내는 것이라는 공감을 하게 된다.

"약간의 빵과 포도주를 들고 나면 일에 파묻혀 잠도 몇 시간밖에 자지 않았다. 볼로냐에서 율리우스 2세의 동상을 만들 때, 그와 세 사람의 조수를 위하여 마련된 침대는 하나뿐이었다. 이때 옷도 갈아입지 않고 장화를 신은 채 잤기 때문에 한때 다리가 부어 장화를 칼로 찢어야만 했다. 무리하게 장화를 빼면 다리의 살점까지 함께 묻어나올 지경이었다."

미켈란젤로는 아마도 현실과 꿈을 완전히 하나로 일치시킨 천재일 것이다. 천재는 하늘에서 내려오는 것이 아니다, 그것은 땅에서 씨를 뿌리고 결실을 얻어내는 피나는 노력의 결과이다. 그의 조각상 「다윗」의 꿈틀거리는 근육은 돌에 새겨 놓은 것이지만, 우리가 그 작품을 감상하면 생명감을 느낀다. 예술가의 고통을 작품이 품고 있기 때문이다. 그 고독을 이겨낸 작품이 바로 결과물이다. 아라베스크의 고독을 넘어선 자의 모습이 무대에서 춤으로 승화될 때, 관객들에게 그 피나는 노력이 전해져 순간적인 감동으로 다가오는 것은 아닐까?

오로지 발레만 생각하면서 고독하게 연습하면 신기한 일이 벌어진다. 나와 함께 연습하는 사람들이 하나 둘 곁에 서 있었다. 나를 '발레의 교과서'라고 여기면서 칭찬을 하는 사람들도 생겨났다. 어느 순간 완성된 느낌이 다가온다. 그들과 함께 연습하고 공연하면서 그들에게 내가 용기를 주고, 나도 그들에게서 이 외로운 길을 걸어갈 수 있다는 용기를 얻었다.

지난 20여 년의 삶의 기록이 바로 내 몸에 새겨져 있다. 생물학적으로 육체는 늙기 마련이지만, 근육이 기억하는 동작은 늙지 않는다. 아라베스크는 조각가가 완성한 조각품처럼 움직이지 않는 동안 관객들에게 감동과 상상력을 제공하는 움직임이기도 하다. 사는 일도 그런 것이 아닐까? 지금 당신이 멈추어 있다면 그것은 좀 더 나은 삶으로 가기 위한 도정이고, 그 순간에 잘 멈추어야 인생이라는 관객이 당신에게 갈채를 보낼 것이다.

아라베스크는 외로운 동작이다.
미(美)와 고독은 서로 연결되어 있다.

발레 공연은 댄서를 비롯하여
많은 인원이 참여하는 공동 작업이지만,
무대에 오르기 전의 과정은
결국 홀로,
연습실에서 땀을 흘리는 시간이다.

INTER-
MISSION

가슴속
단상들

발레를
꿈꾸면서 잠들면
무대에서
꿈이 이루어진다

세계적인발레단들의 공연은 남다르다. 때론 경이로운 눈으로 그들의 무대를 바라보면서 여러 가지 생각을 한다. 저들은 어떻게 발레를 배운 것일까? 어떤 성장 과정을 통하여 무용수로 단련되었을까? 기본기에서부터 고난도 테크닉의 수련과정은 얼마나 되었을까? 또한 저토록 아름다운 무대를 만들기까지 얼마나 고통스러운 기간을 견뎠을까? 저 표정과 연기 속에 숨어있는 것들은 과연 무엇이란 말인가?

러시아와 유럽인들의 긴 다리와 강인한 체력이 부럽기도 하지만, 동시에 다리가 길면 춤을 출 때 불리한 동작이 있는 법인데, 그것을 넘어선 모습을 보면서 어떤 훈련을 통하면 신체적인 조건을 극복할 수 있을지도 생각한다.

　모든 상황이 베스트라고 해서 베스트의 작품이 나오는 것은 아니다. 베스트는 절대적이라기보다는 상대적인 개념이다. 많은 예술가들이 최악의 상태에서 걸작을 만들었다. 베토벤은 청력이 거의 상실되어가는 상태에서 9번 교향곡이라는 인류의 유산을 만들어 내지 않았던가? 발레도 베토벤의 9번 교향곡을 닮았다고 생각한다. 20대의 젊은 스타들이 보여줄 수 있는 세계와 연륜이 쌓인 40대 후반으로 접어든 발레 댄서가 보여줄 수 있는 세계가 있다. 지금 내가 서 있는 자리가 바로 후자의 지점이다. 사람들이 점점 더 나의 발레를 좋아한다는 확신이 든다. 좀더 좋은 공연으로 보답하는 것이 나의 일이기도 하다.

　예술가가 긴 세월 걸어온 길은 반짝이는 한 순간에서 영원으로 이어진다. 그때 관객이 감동의 박수갈채를 보낸다. 나는 그러한 상상을 하면서 오늘도 연습실에서 땀을 흘린다. 내가 오늘 어떻게 연습했는지를 하루 단위로 생각한다. 오늘 나는 어떻게 몸을 움직이는가? 골반과 종아리에 이르기까지 어떻게 근육이 움직여서 동작이 완성되는지를 매일 매일 생각하고 연습한다.

좋은 동작은 반복되는 연습에서 나온다. 때론 꿈속에서 동작을 연습하게 된다. 자신이 좋아하는 일에 몰두하면 일상의 모든 것들이 그일과 연관되어 나타난다. 꿈속에서도 발레 동작을 생각하는 댄서가 좋은 공연을 할 수 있다. 안무도 크게 다르지 않다. 공연 준비를 하면서 안무를 생각하다 보면 저녁 회식 술자리에서도 반짝이는 아이디어를 얻을 수가 있고, 다른 분야 사람들과 대화를 하면서도 창의적인 소재가 나올 수가 있다.

내공이 깊은 무술인은 손가락 하나로 악당을 제압하는 신기를 부리기도 한다. 어떤 분야이건 사람의 내공이 깊어지면 신기한 일이 벌어지는 것이다. 발레 댄서들은 손가락 동작만으로 무대의 중심을 잡는다. 손바닥을 펴서 움직이면 공기의 저항이 느껴지면서 동작에 밀도감이 생긴다. 부드러운 공기의 움직임이 느껴지면서 온몸이 같이 움직이는 것이다. 사랑에 빠진 사람이 단순한 동작이나 눈빛으로 서로의 마음을 움직이듯, 춤을 추는 사람의 몸은 깊은 애정을 가진 연인처럼 사물에 예민하게 반응한다. 하지만 발은 무대를 잘 딛고 있어야 한다. 발레를 물 위에서 할 수는 없다. 모래 위에서도 안 된다. 발레는 단단하면서도 부드러운 바닥에서 하는 동작이다. 나의 바닥은 바로 무대에

다. 이 무대에서 화려하게 비상한다.

여러분들의 무대는 어디인가? 여러분들의 직업은 무엇인가? 그것이 무엇이든 하고 싶은 일을 하고, 그 일에 최고가 되고 싶다는 꿈은 가지고 있을 것이다. 꿈을 멀리에 두고 보지 말라. 꿈을 가슴에 품고 다녀라. 일을 하면서도 자면서도 항상 가까이 두고 만질 수 있는 물건으로 만들어라. 그러면 그 물건은 당신 것이 된다. 그러기 위해서는 적어도 내가 발레를 하는 정도의 노력은 해야 하지 않을까?

오늘 밤에는 꿈속에서 당신이 꿈꾸는 당신을 만나기 바란다. 당신이 꿈꾸는 내일이 당신의 오늘이 될 때까지 가 보는 거다. 우리에게 한 번 주어진 인생 멋지게 살자.

발레리노의
교과서

언젠가 저널의 공연 담당 기자로부터 "당신을 '발레리노의 교과서'라고들 하는데 어떻게 생각하시는지요?" 하는 질문을 받은 적이 있다. 그때 나는 잠시 생각하다가 이렇게 말했다.

"글쎄요. 내가 교과서라면…, 그건… 몇 페이지 안 됩니다."

지금 나의 발레 인생을 쓰고 있다. 한 페이지 한 페이지 땀을 찍어 쓴 글들이다. 이 글들이 한 편의 공연처럼 읽히기를 바란다. 나의 공연장을 찾는 사람들과 대화를 나누어 보면 "모든 길은 로마로 통한다"라는 말이 실감난다. 내가 발레를 하듯, 그들은 자기 분야에서 최선을 다하고 있었다. 자기 분야에서 교과서로 불릴 만한 사람들이다. 그들과 나는 연륜과 열정이라는 공통분모를 가지고 있으니 멀리서 보면 같은 길이다. 그 길이 정상으로 가는 길일 수도 있고, 비록 정상은 아닐지라도 행복으로 가는 길일 수도 있다. 지금 나는 그 길을 춤추면서 가고 있다.

어린 시절에 나는 '범'이라고 불렸다. 범은 우리 집안에 10대 종손인 나의 아명이다. 호랑이 한 마리가 질주하는 태몽을 할아버지가 꾸셨다고 한다. 태몽이 호랑이라는 것은 길한 일이라고 한다. 조선 범은 다른 나라 호랑이보다 질주와 도약이 뛰어나다. 높은 담장을 단숨에 뛰어 넘고, 포효하며 회전한다. 발레리노가 공연을 할 때 이런 기운이 필요하다. 어쩌면 나는 발레리노의 운명을 타고 태어난 존재라는 생각이 든다.

우리 식구들은 내가 호랑이처럼 존재감이 넘치는 사람으로 자라기를 바랐는지도 모른다. 하긴 세상의 어떤 부모가 자식이 잘 성장하기를 바라지 않겠는가? 식구들이 '범'이라고 불렸던 아이는 이제 발레리노 이원국으로 사람들에게 알려져 있다.

나는 이제 발레 인생 30년을 코앞에 두고 있다. 세월이 참 무심하게도 흘러 사십대 후반의 나이가 되었다. 그리스 조각 같다던 전성기 때의 몸매도 조금씩 무뎌져 가고 있다. 심지어 댄서로서 무대에서 내려올 때가 되었다고 하는 사람들도 있다.

그렇다. 우리는 젊고 아름다운 댄서를 좋아한다. 나도 이것은 인정한다. 특히 발레는 젊고 아름다운 청춘의 무용이기 때문이다. 주인공들 역시 20대 초반의 나이가 가장 잘 어울린다. 물론 세계적인 발레 스타들은 중년의 나이에도 전성기처럼 공연을 하지만, 극히 일부의 경우이다. 하지만 인생은 눈앞에 놓인 난관을 도약해서 뛰어 넘어야할 때가 있다. 그것이 예술가에게는 작품이 된다. 예술가에게 나이는 도약해서 뛰어넘어야 할 장애물일 뿐이라는 생각이 든다.

그간 발레 인생을 되돌아보면 나는 무대 위에서 열정을 쏟아 부었다. 발레가 없는 나를 생각할 수 없었고, 발레의 무대가 없는 인생은 황무지와 다를 바가 없었다. 오늘도 나의 공연은 계속된다. 이원국이 존재하는 이유는 춤추기 때문이다. 점점 내 춤이 잘 익어가는 와인처럼 느껴진다. 나는 춤을 계속 출 것이다. 그것이 '발레의 교과서'라고 나를 부르는 사람들에게 보내는 나의 보답이다.

백조와
페트루슈카

춤은 인간의 가장 원초적인 동작이다. 인류는 선사시대부터 몸을 사용하는 법을 본능적으로 알았고, 인간의 기본적인 감정과 종교의식을 몸으로 표현하는 동작에서 춤이 탄생했다. 발레를 포함한 모든 무용은 가장 오래된 예술형태로 지금까지 다양하게 변화하면서 사람들의 사랑을 받고 있다. 발레는 다양한 춤들 중에서 무대 위에서 공연하는 국제적 예술형태의 무용을 의미한다. 발레는 최근 100년 전까지만 해도 무용의 대명사였고, 공연예술의 꽃이었다. 이탈리아에서 발현한 발레는 프랑스를 거쳐 러시아에서 만개했다.

발레는 유럽 문화의 정수이고, 발레 무용형식의 탄생은 미술과 음악의 중요한 변곡점 즉, 원근법이나 오케스트라의 탄생과 견주기도 한다. 서양문화에서 발레의 가치는 밤하늘의 별과도 같다.

발레는 전통을 중요시하는 보수적인 성향의 예술이다. 18세기에 공연되었던 작품이 아직까지도 무대에서 생생하게 살아 있다. 발레의 전통은 개인과 개인의 관계에서 이어져 내려온다. 스승과 제자, 그 제자의 제자가 밀접한 관계를 갖고 발레 기법을 전수하는 도제형식의 전통을 이어오고 있다. 발레 댄서들은 스승을 통하여 연결되어 있다. 내가 유럽과 미국, 그리고 러시아 선생님께 배운 발레는 세계적인 발레 대가들의 작품이기도 하다. 국경을 초월한 이러한 전통은 아무리 세월이 변해도 변하지 않는 발레의 가치이다. 발레는 약 4세기 이상 천재 안무가와 스타 무용수가 무대라는 용광로에서 담금질하여 탄생한 예술 작품이다.

사람들은 발레 댄서의 대표적인 이미지로 〈백조의 호수〉를 떠올린다. 발레리나는 백조처럼 우아하고 아름다운 모습을 가지고 있다. 무대 위에서 아름다운 발레리나들이 연기를 하는 모습을 보면 감동이 밀려온다. 몽환적으로 연출된 무대에서 춤추는 발레리나는 백조처럼 날아갈 것 같다.

발레리나가 백조라면, 남성 댄서인 발레리노는 페트루슈카로 비교하고 싶다. 러시아의 전통 꼭두각시 인형인 페트루슈카는 전설적인 발레리노 바슬나브 니진스키가 포킨의 안무로 공연한 작품의 제목이기도 하다. 그는 뛰어난 댄서이면서 동시에 안무가이기도 하다. 클래식 음악에 모차르트가 있다면 발레에는 니진스키라는 불세출의 존재가 있었다. 그에 의해 발레는 대중적으로 확산되었다. 발레리나와 발레리노는 서로 소통하고 호흡하는 관계이다. 발레 무대를 아름답게 하는 두 무용수는 자웅동체의 생명처럼 둘이면서 하나이고, 하나이면서 둘이다.

발레란 무엇일까? 단순하게 말하자면 발레는 춤이다. 발레는 '발레띠(춤추는 것)'라는 이탈리아 말에 어원을 두고 있다. 최초의 발레 공연은 1561년 프랑스의 앙리 2세의 왕후 카트린느 드 메디치의 후원 아래 제작한 〈여왕의 발레 꼬미끄〉라는 작품으로 기록되어 있다. 당시 발레 댄서들은 모두 아마추어 남성 댄서들이었다.

발레를 이야기할 때 반드시 거론되는 인물이 프랑스의 절대 권력이었던 태양왕 루이 14세이다. 자신이 당대 유럽의 유명한 댄서였고, 왕실 무용 아카데미를 만들어서 파리를 유럽 무용의 중심지로 만든 공로가 있다. 이 시기에 발레는 비약적인 발전을 하는데, 루이 14세가 발레에 끼친 공로 중에 으뜸은 역시 공연 무대를 창출했다는 데 있다.

당시 발레는 왕족과 귀족들이 모여 앉아 무도장에서 댄서들을 둘러싸고 감상하는 소규모의 공연이었다. 그는 귀족들의 작은 무대를 이탈리아식 크로세니움 아치형 무대로 옮겨버렸다. 이러한 변화는 발레 관객들이 무대의 앞에서 댄서들을 쳐다보는 중요한 변화를 가져온다. 이 변화로 발레 안무의 변화가 파생되고, 개별적인 댄서들의 테크닉이 중요하게 되었다. 수 세기를 거쳐 내려온 발레 역사에서 중요한 한 장면이 아닐 수 없다.

이후 18세기까지는 남성 댄서들의 전성기였다. 여기에는 의상을 비롯한 여러 가지 이유가 있다. 지금의 발레 공연복은 19세기에 들어와서 만들어진 것이고, 그 이전에는 치렁치렁한 스커트가 발목까지 가리고 있었기 때문에 여성의 무용은 포즈에 지나지 않았다. 하지만 남성은 비교적 두 다리를 자유롭게 보여줄 수 있어서 도약이나 스텝이 발전할 수 있었다. 이후 여러 여성 댄서들의 출현으로 발레는 19세기부터 비약적인 발전을 해서 여성 댄서, 즉 발레리나의 시대가 되었다. 물론 같은 시기에 뛰어난 발레리노들의 활약도 대단했다.

발레 공연에서는 말을 하지 않는다. 발레 마임인 동작을 통하여 연기자의 감정을 전달한다. 예를 들어 "나는 너를 사랑해."라는 대사를 간단한 손동작으로 표현한다. 특히 전막 공연은 발레 마임을 알고 감상하면 더 흥미롭고 재미있을 것이다. 발레도 결국 아는 만큼 보인다.

아주 간단한 발레 상식만 몇 가지 숙지하고 있어도 무대를 훨씬 더 즐길 수 있다. 발레 용어는 주로 프랑스어로 되어 있어 자주 접하지 않으면 무슨 뜻인지 잘 알 수가 없다. 발레 용어 중에서 '파 드 되Pas de Deux'가 있다. '파'Pas는 '춤'을 '되'Deux는 '둘'을 의미한다. 그래서 파 드 되는 2인무이다. 왕자와 공주가 2인무를 추는 장면을 보면 파 드 되를 하는구나 이렇게 이해하면서 공연을 즐기면 좋다. '되'가 둘을 의미한다면, 파 쇨르, 파 드 트로와, 파 드 꺄트르는 각각 한 사람, 셋, 넷이서 추는 춤을 의미한다. 자주 사용하는 발레용어를 알아두면 발레를 더 사랑하게 되지 않을까 싶다.

한 시절 영광을 누렸던 발레는 지금 다양한 엔터테인먼트 산업의 발달로 입지가 좁아지고 있지만, 공연장을 꾸준히 찾아오는 관객들을 위해서 나는 오늘도 연습실에서 땀을 흘리고 있다. 우리들이 연습실에서 흘린 땀방울이 아름다운 무지개로 떠오르는 공간이 바로 무대이다. 나는 여러분에게 이렇게 말하고 싶다.

"여러분, 무대 공연을 즐겨 주세요. 수백 년 내려온 전통의 춤, 발레가 여러분의 삶에 기품 있고 아름다운 감동을 선사할 겁니다. 그 약속을 제가 하지요. 우울하고 거친 세상살이에 지친 당신의 인생을 춤추는 인생으로 만들어 보시기를 바라는 마음입니다. 당신에게 주어진 삶의 무대에서 주인공이 되길 바랍니다."

선물

내 인생에서 가장 소중한 선물은 내 딸이다. 나의 분신이 세상에 나왔다는 것은 발레밖에 모르던 나에게 인생에서 정말 소중한 것이 무엇인지 가르쳐주었다. 딸 예진이 태어날 무렵은 국립발레단에서 은퇴를 한 때여서 살림이 어려웠고 분유 값을 걱정하기도 했다. 다른 부모들처럼 잘해주지 못한 마음이 묵직하다.

예진이가 성장하던 시절에는 개인 발레단을 운영하기 위해 절약하던 시절이었다. 차를 비롯해서 가지고 있는 물건들이 점점 초라해졌다. 고생길이 훤하게 밝은 것이다. 가만히 생각하니 이원국발레단과 딸아이는 비슷한 시기에 태어나 같이 성장하는 존재이다. 아이와 함께 가족여행을 자주 못 간 것이 마음에 걸린다. 어쩌다 가족여행을 가도 온통 마음은 발레단에 가 있었다. 설날에도 연습을 하는 체질이어서 가정에 대한 배려를 하지 못했다.

할머니를 많이 닮은 딸과 통화만 해도 기분이 좋아진다. 아이는 부모를 닮는다고 하는데 아이가 나의 성장과정을 닮지 않았으면 좋겠다. 대신에 나의 집중력과 예술에 대한 열정은 닮았으면 한다. 부모가 모두 발레를 하는데, 딸아이는 공연을 보는 것은 좋아하지만 발레를 하지 않는다. 하긴, 나도 스무 살에 발레를 시작했으니 앞으로의 일은 알 수가 없다.

한 아이의 아빠가 되고 나서도 여전히 가족들보다는 단원들과 함께 하는 시간이 절대적으로 많다. 연습실에서 단원들과 함께 하면 마음이 편하다. 그래서 부모님과 식구들에게는 미안한 마음이 많다. 나의 모습을 이해하고 사랑하는 식구들은 내 인생에 가장 값진 선물이다.

그동안 나는 팬들에게 많은 선물을 받았다. 어머니가 만들어준 발레의상부터 고급 슈트와 작은 손지갑, 십자수로 수를 놓아 발레를 하는 모습을 그린 작품에서부터 국립국장 로비에 걸려 있는 이호중 화백의 그림에 이르기까지 다양하다. 이 선물들은 절망적인 순간에 나에게 희망이 되는 고마운 물건들이다.

내가 삼성 그룹에서 강연을 할 때 관객들에게 가끔 보여주는 광고 영상이 있다. 내가 해변에서 도약하는 장면을 클로즈업한, 댄서의 희열을 잘 보여주는 광고이다. 이 짧은 영상에서 발레의 특징을 잘 살리고 발레 댄서의 고통과 환희를 잘 표현했다. 이 영상을 관객들에게 보여주면 박수와 환호소리가 나오기도 한다. 그때 난 웃으면서 말한다.

"제가 젊었을 때 모습이에요."

사람의 몸은 젊은 시절 가장 아름답다. 근육의 선이나 결이 전성기에 비해 지금은 조금씩 지워져가고 있다. 이 영상을 보면 최전성기의 모습은 아니지만 내 모습이 아름답게 나타나있다. 이 광고 영상을 만들고 나서 감독이 광고에 나가지 못한 부분까지 편집한 특별판으로 제작해서 나에게 선물로 주었다.

나는 발레 영화에 주인공으로 출연한 적이 있다. 탤런트 유동근 씨가 감독을 했고, 극장 시사회까지 열렸지만 불미스러운 일이 있어 개봉을 하지 못한 작품이다.

영화 캐스팅을 하기 전에 스텝들이 함께 한 자리에서 유감독이 나에게 물었다.

"대한민국에서 누가 발레를 제일 잘 하나요?"

나는 그 질문이 바로 대답했다.

"전데요."

"아, 그래요! 하하"

유 감독은 껄껄 웃으면서 나를 주연으로 발탁해 촬영에 들어갔다. 우리나라에서 드물게 발레를 소재로 한 작품인데 개봉이 되지 않아 아쉬운 마음이 남아 있다. 이 영화 역시 선물이라는 생각이 든다.

"희망과 절망이 이렇게 같이 찾아왔으니 어떻게 조화시켜야 좋을지요?"

비극 〈맥베스〉에 나오는 맥다프의 대사이다. 이 대사에 이원국발레단을 운영하는 나의 심정이 잘 나타나 있다. 희망과 절망을 어떻게 조화시키느냐? 참 절묘한 표현이다. 사람의 마음도 희망과 절망이 잘 조화를 이룰 때 아름답다.

발레단을 운영하기 위해 자금 때문에 고민을 하고 있는데 익명의 후원자가 후원금을 입금했다고 문자메시지를 보냈다. 그녀는 평범한 가정주부인데, 20년 전부터 10년 동안 내가 출연하는 〈호두까기 인형

)을 매년 빠지지 않고 보았다고 한다. 나의 춤이 그녀의 인생에 좋은 선물이었던 셈이다. 그녀는 자신의 이름을 밝히지 않는 후원자이다. 발레를 사랑하는 사람으로서 자신의 돈이 우리 발레단에 작은 보탬이 되면 좋겠다는 말도 잊지 않았다.

우리 발레단에게 주는 고마운 선물이다. 후원자들의 사랑은 발레 공연에 디딤돌이 된다. 그들의 애정 어린 지원이 있어 우리 발레단도 공연을 지속적으로 할 수 있었다. 이 글을 통해서 감사하는 마음을 전하고 싶다. 발레를 사랑하는 후원자들의 애정을 헛되이 하지 않고, 좋은 공연으로 보답할 것을 약속드린다.

이쇼라스

발레로
꽃피는 나라

우리나라에 발레가 처음으로 소개된 것은 구한말 선교사들에 의해서였다. 이후 일제 강점기가 되고 이 시기에 일본과 우리나의 문화적인 격차가 엄청나게 벌어지게 된다. 일본은 이미 발레에 대한 교육이 체계적으로 이루어졌다.

해방이 되던 해인 1945년 8월 18일 문화건설본부의 소속 단체 가운데 하나로 서울발레단이 다른 무용 단체와 같이 탄생했다. 무용가 한동인 선생님을 축으로 한 서울발레단은 1946년 역사적인 창단 기념 공연을 했다. 클래식 발레 레퍼토리와 더불어 〈꿩〉, 〈민족의 피〉 등 창작 발레를 관객들에게 선보였다. 하지만 한국전쟁이 일어나 본격적으로 준비한 정기 공연을 제대로 올리지 못하고 이 단체는 해체되었다.

1962년 이래 국립발레단은 우리나라를 대표하는 발레단이다. 국립발레단은 명동예술극장에서 출범하여 1974년 장충동으로 이전했다. 초대 발레단장은 임성남 선생님이다. 국립발레단은 우여곡절이 있었지만 그동안 수많은 댄서들을 발굴하고 지금까지 우리나라를 대표하는 발레단으로 성장하고 있다. 최근에는 발레리나 강수진 씨가 단장으로 취임해 의욕적인 활동으로 세간의 주목을 받고 있다. 국립발레단은 그동안 러시아 및 유럽 발레단과의 교류로 주목받는 공연을 펼쳐왔고, 〈춘향〉과 같은 우리나라 창작 발레의 개발로 수준 높은 발레단으로서의 위상을 지키고 있다.

1984년 창단한 유니버설발레단은 우리나라 직업 발레단으로 기틀을 잡았다는 평가를 받았다. 연간 100회 공연을 목표로 세계적인 발레 안무가와 발레 대가를 초빙하여 우리나라 발레 문화발전에 큰 역할을 하고 있다. 이외에도 박경숙 단장의 광주 시립 무용단을 비롯한 발레단들이 우리나라 발레 공연의 꽃을 피우고 있다. 나

역시 '이원국발레단'을 세계적인 발레단으로 성장시킨다는 목표로 열심히 땀을 흘리고 있다. 지금 나의 목표는 이원국발레단을 시립발레단으로 성장시키는 것이다. 시립발레단의 탄생은 우리나라 문화 정책과 밀접하게 관계되어 있기 때문에 후원자들의 성원이 절실히 필요한 일이다.

　우리나라의 발레 교육은 아직 아쉬운 점이 많다. 발레 발전의 주춧돌이 되는 학생들의 수가 만여 명 정도이고 공연을 비롯한 발레 시장이 작은 편이다. 발레 관객은 사오십만 명 정도로 추산되고 있다. 공연으로 살아가는 댄서들의 경제적 수입도 안정적이지 않다. 생활고 때문에 무대를 떠나는 경우도 비일비재하다. 과거에 비해 우리 발레가 비약적인 발전을 한 것은 사실이지만, 발레단을 운영하면서 댄서로서는 느끼지 못했던 아쉬운 점이 많이 있었다.

　아직도 갈 길이 멀다. 무대와 관객 사이의 심리적 거리가 너무 먼 것이 사실이다. 이 지점에서 내가 할 일이 있다. 내가 먼저 관객에게 다가가기 위해 노력해야 된다. 그것은 우리나라의 문화를 풍요롭게 하는 일이다. 다른 문화와 마찬가지로 발레도 관객들의 반응이 제일 중요하다. 좋은 공연은 좋은 관객이 만드는 것이다.

　이를 위해서는 정부와 사회 지도층 인사들의 지속적인 관심과 지원이 절대적으로 필요하다. 발레는 연예인들의 '예능'과는 다른 예술 장르이다. 클래식, 미술, 연극, 문학처럼 우리나라 문화의 척도를 잴 수 있는 예술분야이다. 발레를 사랑하는 나라는 문화가 풍부한 나라이다. 러시아, 일본, 영국과 프랑스를 비롯한 유럽국가들. 우리나라가 이들과 어깨를 나란히 할 수 있는 발레 왕국이 될 때까지 나는 오늘도 차가운 무대에서 도약하고 회전하고 달릴 것이다.

지금도 나는 꿈꾸고 있다. 우리나라의 발레단이 현대 발레 종주국이 된 러시아의 대표적 발레단인 마린스키와 볼쇼이처럼 되는 것이다. 우리 발레와 댄서들이 세계 무용 시장에서 주역으로 활동하고 우리 작품이 해외로 수출이 되는 그 날이 온다면, 기뻐서 덩실덩실 춤을 출 것이다. 간절하게 노력하면 이루어질 것이다. 이 책을 읽고 있는 여러분들의 사랑과 댄서들의 피나는 노력이 있다면 가능한 일이다.

제 4 막

춤 안에서
살라

박수칠 때 떠나라

2001년 8월 국립발레단에서 공연한 〈스파르타쿠스〉는 러시아 볼쇼이발레단Bolshoi Ballet의 유리 그리고로비치Yuri Grigorovich의 안무로 우리나라에서 초연되는 작품이었다. 이 고난도의 작품을 국립발레단에서 유치하고자 했을 때, 그는 한국에서 스파르타 쿠스를 소화할 댄서가 있는지 궁금해 했다고 한다. 바로 그 댄서로 내가 낙점을 받았다. 카스라마가 넘치는 그리고로비치는 볼쇼이의 독재자라 불리는 볼쇼이발레단의 살아있는 전설이었다. 그가 안무하는 무대에 주역으로 공연을 한다는 것은 남성 댄서로서는 영광스러운 일이었다.

〈스파르타쿠스〉는 로마의 검투사들의 이야기를 주제로 하고 있다. 강인한 검투사들의 모습을 살리기 위해 역동적인 파워가 요구되는 춤으로 유명하다. 또한 대규모의 출연진들과 무대 장치가 필요한 스케일이 큰 대작이다. 무대에 올라가기 전에 나는 용광로에서 흘러넘치는 쇳물과 같은 열정으로 지옥 훈련을 거듭했다. 지금 공연하라면 아마 하지 못할 수도 있을 것이다. 그때는 나의 전성기여서 젊은 에너지와 테크닉이 필요한 고난도의 작품을 소화할 수 있었다. 공연 준비를 하면서 댄서로서 한 단계 성장한 느낌이 들었다. 국립발레단은 〈스파르타쿠스〉와 더불어 〈백조의 호수〉, 〈호두까지 인형〉까지 유리 그리고로비치 안무 3부작을 우리나라 무대에 올리고 관객들의 사랑을 많이 받았다.

만약에 지금까지 한 공연 중에서 가장 기억에 남는 공연이 무엇이냐고 질문한다면, 〈스파르타쿠스〉라고 대답할 수 있다. 그만큼 어렵고도 황홀한 무대였다. 러시아의 웅장한 대지와 같은 무대에서 관객들의 박수갈채를 받으면서 공연을 성황리에 마쳤다. 이 공연으로 나는 발레 무대의 최정상에 올라선 경험을 했지만 또 다른 고비가 복병처럼 숨어 있었다. 산이 높으면 골이 깊다는 말이 실감나는 일이었다.

〈스파르타쿠스〉 공연 후에 얼마 지나지 않아 국립발레단의 단장이 바뀌었다. 그동안 수고한 최태지 단장님이 물러나시고 김긍수 단장님이 새로 부임하셨다. 김 단장님은 발레를 막 시작하던 연습생 시절에 부산에서 국립발레단의 주역으로 만났던 발레리노이셨다.

그동안 세월이 흘러 내가 과거에 단장님이 섰던 그 자리에서 다시 만난 것이다. 격세지감을 느끼는 순간이었다. 평소에도 김 단장님은 나를 항상 자랑스럽게 생각하셨다. 이미 단원들도 다 알고 있는 사실이지만 그것이 조금은 부담스럽기도 했다. 그리고 2003년도에 국립발레단 노조가 태동했다.

나는 단원들이 예술가이지 노동자가 아니라는 생각으로 노조 설립에 반대했다. 노조에 대한 나의 태도를 본 후배들은 내가 김긍수 단장님과의 오랜 인연으로 사측의 입장에 선 것으로 오해하기도 했지만 전혀 그런 생각은 없었다. 단원들도 잘 알고 있듯이 나는 윗사람의 눈치를 보는 스타일이 아니다. 만약에 내가 단장님의 눈치를 봤다면 그때 지도위원으로 남아 편안한 생활을 할 수도 있었다. 노조가 정말 필요하다고 판단했다면 선두에 서서 활동했을 것이다. 하지만 예술가는 홀로 존재해서 위대한 것이다. 예술가는 고고하게 유영하는 백조이지, 개울가에서 무더기로 움직이는 오리가 아니다. 예술가에게는 오리의 갈퀴가 중요한 것이 아니라 백조의 날개가 필요하다.

결국 단원들은 똘똘 뭉쳤고 나 홀로 노조 설립에 반대하는 모양이 되었다. 국립발레단 노조 결성식장에서 민주노총 직원들이 노조 설립을 반대하는 내 멱살을 잡고 밖으로 끌고 나가는 모욕적인 일도 당했다. 우여곡절 끝에 결국 국립발레단 노조가 설립되었다. 노조가 설립된 후 사측과 노조의 협상 자리에서 나는 이런 말을 했다.

"예술가의 권위는 연습과 실력에서 찾아야 된다. 내가 보기에 이건 아닌 것 같다. 단체로 똘똘 뭉쳐서 한 목소리만 내지 말고, 더 열심히 연습해서 댄서로서의 자존감을 찾아라."

노조가 설립되자 단원들은 토요일과 일요일은 쉬고 연습을 하지 않았다. 나는 단원들이 사무실에서 근무하는 사람이라고 생각하지 않는다. 그건 지금도 마찬가지이다. 노조 설립은 댄서들의 권익보호를 위해 당연히 필요한 일이기는 하다. 그러나 노조가 좀더 성숙하기 위해서는 일단 연습에 더 몰두해야 한다고 주장했지만 설득력이 없었다. 이럴 때일수록 내가 모범을 보여야 된다는 생각으로 연습실에서 더 열심히 살았다.

어느 날 김 단장님께서 모두들 퇴근해서 텅 빈 연습실로 나를 찾아와 말씀하셨다.

"이제 춤은 그만두고, 지도자의 길을 가는 것이 어떨까?"

"선생님, 그건 안 됩니다."

"원국아, 너무 고집 부리지 말고, 한번 잘 생각해봐. 미래를 위해서 대비를 할 필요도 있는 거니까 말이야."

나는 옆에 있는 발레 바를 잡고 일어나면서 말했다.

"저의 미래는 발렙니다."

"그러니까 말이야. 무대에서 내려와 후배들을 지도하는 것도 한번 생각하란 말이지."

"……."

다시 한 번 생각해 보라는 말을 남기고 단장님은 연습실의 문을 열

〈호두까기 인형〉 中에서

고 나가셨다. 선생님의 애정 어린 조언을 들었지만, 무대를 떠난다는 것은 생각할 수 없는 일이었다. 나의 미래를 생각해주시는 선생님의 권유에 옥식간신하면서 무대에서 공연하고, 후배들을 위한 지도위원도 하면서 수석댄서로 계속 활동했다. 하지만 '이제 남성 댄서로서는 내리막길이 아닐까' 하는 생각이 들었다. 그리고 공연 캐스팅에서 내 이름이 빠지기 시작했다. 발레단에 들어온 이후 이런 적은 한 번도 없었다. '아, 이제 때가 되었구나. 그만 국립발레단을 떠나자' 하고 마음을 굳혔다.

나는 국립발레단 은퇴공연작으로 〈호두까지 인형〉을 무대에 올렸다. 그 자리에서 단장님께서 관객들에게 인사 말씀을 드리라며, 나에게 마이크를 넘겨주셨다. 나는 관객들에게 말했다.

"여러분 안녕하십니까, 국립발레단 발레리노 이원국입니다. 오늘 공연은 제가 국립발레단을 떠나면서 그동안 고마웠던 여러분들께 인사를 드리는 무대입니다. 하지만 그냥 바람처럼 사라질 수는 없는 일이지요. 국립발레단에서 저는 정말 행복했습니다. 단장님을 비롯한 선배님들과 동료 그리고 사랑스러운 후배들이 있어서 여기까지 올 수 있었습니다. 정말 고맙습니다."

조용한 객석에서 간헐적으로 울먹거리는 소리가 들리자 나도 울컥하는 마음이 들었다. 마음을 진정하고 계속 말을 이어갔다. 관객들의 눈동자가 별처럼 보이기 시작했다.

"그런데요. 저는 이 공연이 마지막이 아닙니다. 다만 국립발레단이라는 우리나라 최고의 발레단을 이제 떠나야 하는, 그리고 새로운 세상으로 나가야 하는, 그런 시간이 된 겁니다. 오늘이 마지막이 아니라, 저에게는 새로운 발레 공연의 시작입니다. 그동안 이 화려한 무대에서, 저는 왕자로 살았습니다. 바로 여기에 계신 여러분들이 성을 지어 주셨고, 여러분들이 이원국이라는 이름을 불러 주셨고, 여러분들이 우리들의 발레를 보아주셨고, 박수를 보내 주셔서 왕자로 살 수 있었습니다. 이제는 좀더 가까이에서 여러분들과 함께 하겠습니다. 이 화려한 극장을 떠나면서 여러분들께 드리고 싶은 말씀은 여기까지 하겠습니다. 나머지는 발레로 보여드리겠습니다. 고맙습니다."

봄, 여름, 가을 그리고 겨울이다. 스타는 떠나고 새로운 신인이 등장한다. 우리 인생의 행로는 태초부터 그러했다. 하지만 마지막이 너무 빨리 왔다는 생각이 들었다. 이 멋대가리 없는 부산 촌놈 이원국을 보고 단원들도 울었다. 나는 국립발레단을 떠나야 한다. 소주 한 병을 마셔도 바닥이 보이는 법이다. 댄서라면 누구나 공연 무대를 떠나가기도 하고 언젠가는 인생 무대 자체를 떠나고 만다. 이제 나에게도 때가 온 것이다. 2004년 11월에 나는 국립발레단에서 걸어 나왔다. 그때 내 나이 서른일곱이었다. 이제 어디로 가야 될 것인가? 갈 길은 먼데 해는 저문다는 옛 사람의 음성이 들려왔다.

그런데요. 저는 이 공연이 마지막이 아닙니다.
오늘이 마지막이 아니라,
저에게는 새로운 발레 공연의 시작입니다.
이제는 좀더 가까이에서 여러분들과 함께 하겠습니다.
나머지는 발레로 보여드리겠습니다.
고맙습니다.

〈돈키호테〉 中에서

당신의
베스트 파트너

2001년 러시아 볼쇼이 극장에서 막을 내린 제9회 모스크바 국제발레콩쿠르에서 발레리나 김주원이 동상을 받았다. 1997년에 동상을 받은 발레리노 김용걸 이후 우리나라 댄서가 두 번째로 받은 영광스러운 상이다. 나는 이 콩쿠르에서 발레리나 김주원의 파트너로 참가해 17명 심사위원 만장일치로 '베스트 파트너 상'을 받았다. 그동안 많은 상을 받았지만 이 상은 매우 의미 있다. 나는 당신의 베스트 파트너, 이 말은 참 좋은 말이다.

나와 함께 공연을 한 발레리나들은 내가 잘 들어주고 제 자리에 잘 놓아준다고들 한다. 상대방을 잘 들어주고 잘 놓아준다는 말은 남성 댄서에 대한 칭찬이다. 무대 위에서 파트너와 호흡이 맞지 않으면 좋은 공연이 나올 수가 없다. 솔로 무대와 더불어 발레는 2인무가 아름답다. 남녀가 한 쌍이 되어 사랑과 이별의 장면을 춤출 때 드라마가 탄생하는 것이다.

몸에 맞지 않는 옷을 입고 맵시를 뽐낼 수는 없고, 모피 코트를 입고 축구를 할 수는 없다. 좋은 파트너는 자기 몸에 잘 맞는 옷과 같은 것이다. 들고 놓을 때 상대방이 가장 편안하게 춤출 수 있게 해주고 두 사람이 앙상블을 이룰 때 좋은 공연이 탄생한다. 결국 발레는 서로 어울려 하는 예술이다. 파트너와의 어울림이 울림이 되고, 무대의 울림이 객석의 감동으로 이어진다.

나는 유니버설발레단의 문훈숙 단장님, 광주 시립발레단의 박경숙 단장님. 아메리카 발레시어터 강예나, 국립발레단의 김주원과, 그리고 최근에는 이원국발레단의 이영진을 비롯해 많은 발레리나들의 파트너로 공연했다. 그들에게 베스트 파트너가 되기 위해 노력했다.

발레리나들은 대부분 가볍다. 보통 여성들보다 마른 체형에 잔 근육이 발달해서 아름다운 모습을 간직하고 있다. 간혹 발레리나가 무대에 서 있는 것만으로도 충분히 아름답고 감동스럽게 다가올 때가 있다. 그녀가 춤추는 모습을 보면 요정이나 천사처럼 보이기도 한다. 그래서 관객들이 무대에서 환상과 꿈을 보고 그 감동을 가슴에 품을 때 박수가 터져 나오는 것이다. 아름다운 발레리나를 들어올리는 것은 이삿짐을 나르는 것과는 완전히 다르다. 댄서는 살아있는 생명이고 무대 위에서는 사랑의 모습으로 다가온다. 때론 비련의 여주인공의 마음까지 헤아리면서 그녀를 들고 그녀가 춤추기 좋은 자리에 가볍게 내려놓아야 한다. 그녀에 대한 애정으로 연기에 몰입하면 사람의 무게가 느껴지지 않는다. 무대 위에서만큼은 나의 파트너는 나의 공주이며 연인이다.

나의 베스트 파트너들 중에서도 유니버설발레단의 문훈숙 단장님께는 많은 것을 배웠다. 대학을 졸업하고 젊은 시절에 유니버설발레단에서 만난 문 단장님은 인생 선배이자 탁월한 예술가였다. 무대에서 그녀는 나에게 예술가로 살아가는 모습을 보여주고 가르쳐준 선배이자 댄서이다. 그녀의 무대는 남다르다. 파트너에 대한 배려와 신중한 모습. 상대방이 등 뒤에서 춤을 추고 있어도 무대를 장악할 수 있는 뛰

〈에스메랄다〉 中에서

어난 감지력과 적절한 타이밍은 외국의 어떤 발레리나보다도 뛰어났다. 그녀의 부드럽고 섬세한 춤을 통해서 내가 공부를 한 셈이 된다.

일단 무대에 올라가면 댄서의 나이는 사라진다. 지금까지도 인구에 회자되는 전설적인 베스트 파트너들은 20대의 누레예프와 40대의 마고 폰테인Margot Fonteyn이다. 전성기를 누리고 이제 사양길에 접어들었던 마고 폰테인은 러시아 타타르인인 젊은 누레예프라는 걸출한 댄서를 만나 제2의 전성기를 누리게 되었던 것이다. 공연에서 파트너가 서로에게 얼마나 중요한 존재인지 잘 보여주는 커플이다. 나는 문 단장님께 누레예프와 같은 존재가 되려고 노력했다. 스타 댄서들의 2인무를 연구하고 분석하는 시간도 필요하다. 베스트 파트너가 되기 위해서는 상대방이 원하는 것이 무엇인지 알아야 한다.

언젠가 문훈숙 단장님과 공연할 때 나는 그녀가 회전하는 도중에 들어 올린 적이 있다. 보통 여성 댄서가 회전을 멈추면 발레리노가 허리를 잡고 들어올린다. 나는 그녀의 회전에 방해가 되지 않으면서도 자연스럽게 허리를 잡아 들어올렸다. 허리의 움직임에 따라 손길이 따라가면서 순간적으로 들어올려야 한다. 타이밍이 맞지 않으면 오히려 발레리나의 춤을 방해하게 된다. 지금도 이런 테크닉을 구사하는 댄서가 별로 없다는 이야기를 들었다. 이런 동작은 물론 테크닉도 중요하지만 파트너와 혼연일체가 되어야 나올 수 있다. 남성 댄서는 파트너인 여성 댄서의 라인을 아름답게 해주는 역할을 한다. 발레리나의 춤을 더 아름답게 만들어주는 것이 발레리노의 역할이기도 하다. 동시에 자신의 춤도 자연스럽게 완성되는 것이다.

　여성 댄서가 가벼운 경우도 있지만 무거운 경우도 있다. 공연을 하다 보면 파트너의 몸무게가 다르기 때문에 여러 가지 상황을 고려해 연습해야 한다. 여성 댄서의 의상이 긴 치마인 경우에는 그녀의 다리가 치마에 가려서 보이지 않는다. 그럴 경우에는 그녀의 다음 동작을 짐작하고 들었다가 좋은 자리에 놓아 주어야 여성 댄서의 다음 동작이 살아난다.

　무대에서 파트너들이 잘 어울리지 못하면 서로 상처를 입는다. 여성 댄서가 회전하면서 손톱으로 남성의 얼굴을 할퀴기도 한다. 거리 조절이 잘 안 돼서 그런 것이다. 심한 경우에는 남자의 얼굴 살점이 떨

일본 공연 후 문훈숙 단장님과 함께

어져 나가기도 한다. 남성 댄서가 여성을 들어 올리다가 중심을 잘못 잡아 뒤로 자빠지는 모습도 본 적도 있다. 이러한 사고는 서로 교감하지 못한 상태에서 발생한다. 감정을 자제하지 못하고 너무 흥분을 한다든지 딴 생각을 하면서 다음 동작을 생각하지 않고 자신의 동작을 하다 보니 '접촉사고'가 생기는 것이고, 그 공연은 실패로 끝난다.

스웨덴의 한 발레단의 공연에서 발레리노가 파트너를 들어 올리다가 공중에서 놓치는 바람에 그녀의 목이 부러져 사망하는 사고가 있었고, 발레 스타 미하일 바리시니코프가 발레를 떠나 현대무용으로 간 이유도 무리하게 파트너를 들어 올리다가 입은 무릎 부상 때문이었다고 한다.

〈로미오와 줄리엣〉 2막 머큐쇼와 티볼트의 결투 장면에서 두 사람의 결투를 말리려고 뛰어든 로미오가 칼로 티볼트를 '진짜' 찔러 버린 사고도 있었다. 너무 흥분하고 긴장한 상태에서 연기에 몰입해서 벌어진 사고이다. 다행히 큰 부상은 아니어서 공연은 계속되었다고 하지만 자칫 잘못하면 치명적인 일이 될 수도 있었다. 이 공연에서 티볼트 역을 맡아 부상을 당한 프로코피에프발레단의 베르토 피살라는 몇 달 동안 무대에 설 수 없었다고 한다.

베스트 파트너는 서로에게 자극이 되고 힘을 주는 파트너이다. 파트너와 연습하면 자신에게 잘 맞는 경우가 있고 반대의 경우도 있다. 하지만 실제 공연에 들어가면 어떤 경우라도 자신의 파트너를 사랑해야만 된다. 그것이 연기이고 실력이다.

　남녀 댄서가 혼연일체가 되어 공연할 때는 서로 사랑에 빠진 사람으로 관객에게 보여야 한다. 좋은 연기는 진실이지 사실이 아니다. 남녀가 서로 사랑하는 사이인 '사실'은 연기에 그리 도움이 되지 않는다. 물론 예외도 있을 것이다. 하지만 현실의 연인들이 좋은 연기를 만들어내는 것은 아니다.

　무대에 올라가면 냉정한 눈으로 무대의 위치와 춤의 동선을 생각해야 한다. 현실에서 사랑에 빠져 그녀를 품고 싶은 마음과 발레 공연에서 그녀를 들고 회전하는 것은 완전히 다른 경우다. 나 역시 사랑하는 여자와 무대에 선 적이 있는데, 무대 위에서는 그리 행복하지 않았다. 설령 서로 사랑하는 사이라고 할지라도 무대 위에 올라가면 얼음심장이 있어야 한다. 댄서의 차가운 얼음심장이 뜨거운 무대를 만드는 아이러니가 바로 발레에서의 사랑이다.

　〈백조의 호수〉에서 지그프리드 왕자와 오데트의 사랑은 비현실적이지만 관객은 감동을 받는다. '너를 사랑해'라고 말하지는 않아도 춤을 통하여 말로 할 수 없는 모든 감정을 전달한다. 그것이 바로 울림이다. 이 울림이 공연장을 가득 채우면 관객은 숭고함까지도 느낄 수 있다. 좋은 공연이 박수갈채를 받는 이유이다. 간혹 나에게 지인들이 물어보곤 한다. 저 아름다운 발레리나와 사랑하는 사이가 아니냐고. 서로 감정이 없다면 어떻게 그렇게 호흡이 잘 맞느냐고. 육체적인 관계가 있어야 그런 감정이 생기는 것이 아니냐고 직설적으로 물어보는 사람도 있다.

발레 댄서들의 개인적인 관계는 보통 남녀관계처럼 알 수가 없다. 현실적인 사랑과는 별개로 무대에서 나와 잘 어울리는 파트너와 함께 하는 것이 최선이다. 오히려 서로 사랑하는 사람들이 무대에서는 잘 안 되는 경우도 있다. 그들이 무대 공연을 준비하면서 다투는 모습도 본 적이 있다. 일은 일이고 사랑은 사랑이다.

공연에서 중요한 것은 바로 서로에 대한 믿음이다. 남성 댄서가 그녀를 공중으로 번쩍 들고 받아줄 때 서로에 대한 신뢰가 없다면 동작이 불안해진다. 그것이 그대로 관객에게 전달된다. 무대 공연을 하는 사람들은 누구나 이런 경험을 한다.

'따로 또 같이'라는 말처럼 발레공연은 홀로 연습하는 시간이 필요하고, 같이 어울리는 시간이 필요하다. 좋은 파트너가 되기 위해서는 홀로 연습하는 시간이 길어야 한다. 일과 사랑도 이러한 속성이 있다. 일을 잘 한다는 건 그 일에 베스트 파트너일 때 가능하다. 사랑은 두 말할 필요도 없다. 댄서들에게 박수를 보내는 사람들 역시 나의 베스트 파트너이다. 우리 사회도 서로 잘 어울리는 사람들이 많을 때 건강하고 아름답다. 상대방에 대한 배려, 타인을 돋보이게 하는 희생, 진심으로 대하는 사랑이 어울릴 때 당신의 인생은 아름다운 공연이 된다. 당신의 인생이 바로 당신의 베스트 파트너가 되기를 바란다.

공연에서 중요한 것은 바로
서로에 대한 믿음이다.

남성 댄서가 그녀를 공중으로 번쩍 들고 받아줄 때
서로에 대한 신뢰가 없다면 동작이 불안해진다.

그것이 그대로 관객에게 전달된다.

무대 공연을 하는 사람들은 누구나 이런 경험을 한다.

상처투성이의
영광

나의 인생을 발레 공연 무대로 생각해 본다. 객석에 그날 공연
의 전주곡이 울려 퍼지는 시기가 부산의 정금화 무용학원이
다. 무대 위에 막이 올라가고 공연이 시작된다. 제1막이 중앙대학교 무
용학과, 제2막과 제3막이 유니버설발레단과 국립발레단 시절이었고
마지막 무대가 이원국발레단이다.

이원국발레단 이전의 시기를 가만히 생각해 보니 나는 나만의 성
을 만들어 놓고 고독하게 지냈다는 생각이 든다. 고독했지만 아름다웠
던 시절이었다. 국립발레단에서 은퇴를 염두에 두고서부터 나는 술을
마시기 시작했다.

'그래…, 이제부터는 후배들에게 주역을 주자.'

'과연 은퇴를 하고도 발레를 계속해야 되나?'

'발레를 안 하면 내가 뭘 할 수 있을까?'

'어머니를 비롯한 가족들은 어떤 생각을 할까?'

'이제 난 발레리노로서 생명력이 다 한 건가?'

이런 고민 속에서 예술가의 생명에 대한 생각을 했다. 이카루스 날개를 달고 태양을 향해 힘차게 날아오르던 나의 몸도 조금씩 변해가고 있었다. 댄서의 몸은 조각가의 작품과 다르다. 대리석으로 만든 조각품이 변하지 않는다면 단백질로 만들어진 근육은 세월이 가면 변하기 마련이다. 이제 곧 중년의 나이가 되면 춤도 몸도 변하지 않을까? 이런 고민을 하면서 새벽까지 술을 마셨지만 아침이 되면 또 연습을 했다.

발레는 습관이다. 습관적으로 반복하고 연구해야 생명력이 떨어지지 않는다. 같은 동작을 반복하다 보면 어느 순간에는 무의식적으로 몸이 먼저 움직인다. 하지만 운전을 많이 하는 사람이 사고 위험이 높듯이 연습과 공연을 많이 하면 그만큼 부상에 노출된다.

국립발레단에서 〈백조의 호수〉를 공연할 때의 일이다. 공연 초반에 무대에서 힘차게 도약하는 순간에 종아리 근육이 끊어졌다. 다행히 2막에서는 뛰는 대목이 없어 엄청난 통증을 견디면서 겨우 2막 공연을 마쳤다. 3막에서는 손상된 근육이 더 파열되어 버렸다. 그 공연 후 한동안은 오른쪽 다리만으로 연습을 했다. 〈스파르타쿠스〉 공연을 할 때에도 근육이 파열되는 일이 있었다.

공연뿐 아니라 연습을 할 때도 간혹 근육이 파열된다. 사실 댄서가 무대에서 도약할 때는 엄청난 근육의 충격이 가해진다. 날개가 없는 사람이 하늘을 날기 위해서는 당연한 일이 아닐까. 지구의 중력을 이기고 튀어 오를 때 순간적으로 코끼리 네 마리의 무게가 가해진다는 태릉선수촌의 실험 결과도 있다. 그 시절에는 젊기 때문에 근육 양이 많아서 끊어진 근육을 다른 근육이 지탱해주는 효과도 있었을 것이다. 나는 병원에서 치료나 수술을 받은 적이 지금까지는 한 번도 없었다. 그냥 버티고 연습하면 자연스럽게 회복이 되었다.

내 청춘을 다 바친 국립발레단을 떠나자 굵은 근육하나가 뚝 끊어진 느낌이었다. 아무런 준비도 없이 나 홀로 광야에 내던져진 것 같은 두려움과 고독이 몰려왔다. 몸과 마음이 아팠지만 통증을 견디면서 내가 찾아낸 길이 있었다. '이제는 이원국발레단을 만들자. 그게 나의 길이다.' 이런 결심을 하게 된 동기가 바로 그동안 내가 무대에서 겪은 고통과 상처 때문이었다. 내가 발레리노로 성장하는 모습의 이면에는 항상 고통이 있었다. 지나고 보니 그것은 상처가 아니라 바로 영광의 전주곡이었다. 그렇다면 국립발레단의 은퇴는 은퇴가 아니라 새로운 무대로 데뷔를 하는 일이 아닌가? 그렇다면 뭐가 두려운가? 우리나라의 발레 문화가 아직 대중화되지 못한 것이 두렵기도 했다. 과연 내가 살아남을 수 있을까? 내가 발레학원의 문을 열고 들어갔을 때 그런 생각을 했던가? 대중에게 사랑을 받고 싶었다면 다른 길을 걸어야 했다. 이제 40대로 접어드니 춤에 대한 자신감이 없어졌는가? 아니, 오히려 더 힘이 난다. 발레에 대한 생각도 깊어지고 무대를 장악하는 전체적인 감각도 살아나고 있었다. 그동안 무용수로 살았지만 오랜 경험으로 후배들을 지도할 수 있는 안무 감각도 살아나고 있었다. 그럼 뭐가 문제인가? 가자! 오케이! 나는 두려운 것이 없다.

복잡한 문제의 해결책이 오히려 단순할 때가 많다. 지금까지 내가 살아온 이유였던 바로 그 발레를 위해, 이제는 개인 발레단을 만들어 나의 모든 역량을 쏟아붓는 것이다. 두려운 마음으로 앞을 보면 첩첩산중이지만, 분명히 거기에 길은 있을 것이다.

밤이 깊으면 새벽이 가깝다는 말이 있다. 용기를 내자. 남들이 잘 안 가는 길을 가보자. 이것은 나의 운명이다. 이런 마음으로 나에게 많은 영광을 안겨준 발레를 위해서 새로운 무대를 만들었고 그 막을 힘차게 열었다. 다음부터 전개되는 이야기에는 내 인생의 큰 시련기이면서 동시에 세계무대를 향해 날개를 펼치려는 나의 간절한 마음을 담았다.

내 청춘을 다 바친 국립발레단을 떠나자
굵은 근육하나가 뚝 끊어진 느낌이었다.

아무런 준비도 없이 나 홀로 광야에 내던져진 것 같은
두려움과 고독이 몰려왔다.
몸과 마음이 아팠지만
통증을 견디면서 내가 찾아낸 길이 있었다.

이제는 이원국발레단을 만들자.
그게 나의 길이다.

금융사 TV광고 中에서

내가 쓸모없이
보냈다고
생각하는 날은 항상
춤을 추지 않은 날이었다

현재 이원국발레단은 노원문화예술회관에 상주하고 있다. 눈앞에 보이는 불암산을 배경으로 자리잡은 노원문화예술회관은 서울 시민의 명소이다. 이곳에 마련된 연습실에서 우리는 매일 연습을 하고 많은 공연을 한다. 발레 댄서들이 모여 있는 모습은 호수를 유영하는 백조의 무리와 비슷하다. 그래서인지 나는 우리의 연습실이 백조가 모여 있는 호수와 같다는 생각을 하곤 한다. 우리 호수는 나와 단원들의 눈물과 땀이 모여서 만들어졌다.

대학생 시절에 나는 임성남 선생님의 30주년 기념 공연에서 〈돈키호테〉의 주역을 맡았다. 우리나라 무용 대가의 마지막 기념 공연에 주역을 맡았으니 얼마나 긴장을 했는지 모른다. 그 자리에는 우리나라 무용관계자들이 많이 참석하기 때문에 한 동작도 실수하고 싶지 않았다.

임성남 선생님은 유머 감각이 넘치는 우리나라 발레의 지도자이시다. 지난 30여 년 간 불모지와 같았던 국립발레단을 반석 위에 올려놓으셨다. 좋은 작품들을 많이 만드셨지만 현실적인 조건 때문에 공연이 안 된 작품도 많다. 우리나라 발레 댄서들은 거의 선생님의 제자라고 해도 과언이 아니다. 특히 선생님은 음악에 대해서 탁월한 안목을 가지고 계셨다. 동경음악학교 출신답게 안무에 필요한 음악을 직접 선택하셨다. 음악에 대한 안목 때문인지, 안무에 대한 철학이 돋보이셨다.

기념 공연 날이 되었다. 그 전날까지 연습을 반복하고 좋은 컨디션으로 무대에 올랐다. 그날 공연은 2회였기 때문에 리허설까지 합치면 하루에 세 번의 공연을 하는 셈이었다. 공연 당일 리허설을 완벽하게 소화하고 1회 공연도 성공적으로 마쳤다. 정작 중요한 것은 귀빈들이 많이 모이는 저녁 공연이었다. 첫 공연에서 나는 공중회전 2회전을 하고 착지하는 순간 또 다시 2회전하는 동작을 국내에서 최초로 선보였다. 첫 공연에서는 잘 했는데 2회 공연에서는 기운이 빠져서 휘청거리는 실수를 하고 말았다.

그날 무대에서 내려와 샤워실로 달려가 물을 틀어놓고 눈물을 펑펑 흘렸다. 실력보다 의욕이 앞서서 체력의 배분을 제대로 하지 못한 결과였다. 리허설에서는 힘을 조금만 쓰고 실제 무대에서 온 힘을 발산해야했는데, 리허설과 1회 공연에서 모든 기운을 뽑아냈으니…, 억울하고 분했지만 이미 무대의 막은 내려갔고 관객들은 사라졌다.

그때 선배나 선생님께서 자신의 경험을 바탕으로 공연의 완급을 조절할 수 있도록 귀띔이라도 해 주셨으면 하는 아쉬운 마음이 든다. 댄서의 입장에서 댄서를 바라보면 여러 가지 해 주고 싶은 말이 많이 있다. 나는 이러한 나의 경험을 단원들에게 알려주고 실수하지 않도록 주의를 준다.

최근에 읽은 콜럼 맥칸의 장편소설 〈댄서〉에 이런 문장이 나온다.

"내가 쓸모없이 보냈다고 생각하는 날은 항상 춤을 추지 않은 날이었다."

"좀 덜 잘 것. (…) 근력과 제어력을 기르기 위해 그랑 바트망Grands Battements을 지금보다 두 배로 길게 끌 것. 를르베relevé 할 때 역시 힘을 키우기 위해 가능한 한 오래 서 있을 것. 피루에트Pirouette를 아홉 번에서 열 번까지 계속할 것. 차부키아니Vachtang Mikhailovich Chabukiani가 너의 발에 키스를 하도록! 카브리올Cabriole을 할 때 옆으로 비껴가기보다는 거울을 정면으로 보면서 할 것. 사샤 가라사대, 춤 안에서 살라. 보다 치열하게 사고하고, 보다 많이 움직이고, 보다 많이 배울 것. 머리카락조차 펄펄 살아 숨 쉬도록!"

사샤는 누레예프의 스승인 알렉산더 푸슈킨의 애칭이다. 누레예프의 일대기를 그린 이 소설에서 "나는 누레예프입니다, 댄서이며, 그 이상은 아무 것도 아닙니다."라는 문장은 발레 댄서들의 태도를 잘 표현하고 있다. 나는 이원국발레단을 이끌면서 누레예프와 푸슈킨, 일인이역을 해야 하는 자리에 있다.

푸슈킨은 사회 저명인사들과 단원들이 합석하는 자리를 가끔 마련했다고 한다. 그 자리에는 무용수가 아닌 작가, 철학자, 정치인, 귀족들이 합석했다. 그들과 자연스럽게 대화를 나누면서 댄서들은 풍부한 교양을 배울 수 있었다. 나 역시 단원들에게 그런 자리를 만들어주려고 노력하는 편이다. 그것이 댄서들에게 예술가로서의 자질을 심어주고 춤을 추는 자양분이 되기 때문이다.

아침에 연습실에 출근해서 플

〈카르멘〉 中에서

로어에 발이 닿으면 그동안의 모든 몸의 기억들이 되살아난다. 나는 이 느낌으로 살고 있다. 연습실에서 땀을 흘리고 부상을 당해 눈물을 머금는 단원들을 보면서 그들의 고통에 나는 공감한다. 내가 그동안 걸어온 길을 후배들에게 알려주고 같은 실수를 반복하지 말라고 충고한다.

니진스키는 무대에서 체공시간을 늘이는 방법을 가르칠 때 일단 도약했다가 공중에서 잠시 쉬면 된다고 했지만, 하늘의 새도 공중에서는 쉬지 못하는 법이다. 하지만 이 말이 그의 교만이라고 생각하지 않는다. 신기에 가까운 그의 동작들은 재능과 더불어 연습의 결과이기도 하다. 우리는 체공시간을 늘이는 방법을 일단 도약했다가 공중에서 내려오지 말아야 한다는 신념으로 버티는 것이다. 이 시간이 1초라도 늘어난다면 그것이 성장이다.

어른이 되어서도 성장통을 겪는 것이 예술가의 삶이다. 이 정도면 되었다고 자만하고 안주하는 순간 호수의 물은 썩어 백조가 떠난다. 발레 무용수들은 자신의 땀과 눈물로 만든 호수를 가지고 있다. 이 호수가 넓고 깊을수록 좋은 댄서이다. 그 이상은 아무것도 아닌 것이다.

돈 워리, 비 해피!
DON'T WORRY, BE HAPPY!

"**힘** 들더라도 견뎌야 한다, 표정을 밝게 해라."

이원국발레단을 이끌면서 단원들에게 자주 하는 말이다. 동시에
나에게 하는 말이기도 하다. 전후사정을 살피지 않고 기운차게 개인
발레단을 창단했지만 단원들을 관리하고 경영하는 일은 또 다른 산이
었다. 일요일에 나와 연습을 하는 단원들의 모습을 본다. 연습을 마치
고 길게 누워서 다리를 벽에 기대고 있는 모습, 간식을 나누어 먹는 모
습, 스트레칭을 하는 모습 등 각양각색이다. 내일 공연을 위해 준비하
고 있는 단원들이 사랑스럽다.

단원들이 다른 신경을 쓰지 않고 공연에만 몰두하게 하기 위해서는 발레단의 재정이 든든해야 한다. 우리나라에서 개인 발레단을 이끌어 간다는 것은 '돈키호테'와 같은 행동이라고 주위에서 우려를 하곤 했다. 언덕에서 돌고 있는 풍차를 거인으로 착각하고 돌진하는 돈키호테. 내가 과연 현실을 잘 보지 못하고 이상을 향해 돌진하는 돈키호테일까? 설령 그렇다 하더라도 나는 돌진할 것이다. 결국 그 정신이 하늘의 별을 보게 한다.

발레공연은 유럽의 뿌리 깊은 문화가 배어 있다. 그 문화를 유지하기 위해서는 문화적인 배경과 더불어 경제적인 발전도 필요하다. 미국과 유럽 국가들의 발레단이 유명한 이유는 경제대국이면서 문화적 뿌리가 깊어 관객들의 수준이 높기 때문이다.

현대 발레의 메카라고 할 수 있는 러시아의 경우에 공산 정권 아래서도 발레를 집중적으로 지원하고 〈스파르타쿠스〉와 같은 대작을 만들어냈다. 시민들을 위해 몇 천 원이면 관람할 수 있는 공연들이 많다. 스타 무용수는 대저택과 운전사가 딸린 승용차까지도 정부에서 제공하고 인민배우라는 호칭을 수여한다. 비록 공산정권의 사회주의 정책으로 자본주의에 비해 경제 발전 속도가 더디기는 했지만 그 나라의 문화수준은 결코 돈으로 살 수 없는 광활한 러시아의 숲과도 같았다.

우리의 발레 문화와 교육의 실정은 러시아와 유럽에 비해 매우 열악하다. 10년 전인 지난 2004년 발레단의 창단은 지금보다도 더 어려운 상황에서 태동한 것이다. 당시에는 발레 공연 자체가 드물었고, 간혹 외국 유명 발레단이 오면 신기한 눈으로 바라보는 수준이었다. 전형적인 문화 후진국의 모습이었다. 이원국발레단을 10년 간 끌고 온 것만으로도 기적적인 일이라고 평가하는 사람들이 있다. 특히 개인 발레단은 후원자의 지원을 필요로 하는데 후원에 대한 계획도 없이 발레단을 만들었으니 무모한 짓이라는 소리를 들을 만도 하다. 나는 그때 발레를 알리고 싶다는 순수한 마음만 가지고 있었다.

나는 러시아 키로프와 루마니아에서 객원으로 활동했고 국내 무대에서도 주역으로만 활동해서 생활비를 걱정한 적이 없었다. 공연 개런티를 비롯한 일정한 수입이 보장되어 있어 외국의 스타들처럼 화려하게 살지는 않았지만 부족한 것 없이 발레에만 몰두할 수 있었다. 레슨을 받고 싶다고 고액의 수업료를 내고 나를 기다리는 사람들도 많았다. 하지만 그들의 부탁을 적당히 거절하면서 주로 연습에 몰두했다. 국립발레단 시절에는 단원들에게 자상하게 대해주지도 못했다. 유머도 없고 신경이 날카로워 후배들에게는 엄하게 대했다.

우리 발레단 창단 초기에 정부에서 예술 공연 지원금으로 8천만 원이 나왔다. 나는 그 지원금으로 우리 단원들을 국립발레단 수준으로 대우했다. 공연장으로 가는 버스를 대절하고, 단원들의 개런티를 지불하면서 4회 공연을 하니 자금이 바닥이 나버렸다. 그 자리에서 나는 멍하니 서 있었다.

"아이고, 이제 돈이 없구나!"

현실의 벽에 부딪힌 절망에서 나온 탄식이었다. 돈이 없다는 건, 공연을 못하는 것이고, 밥을 못 먹는다는 것이고, 소주 한 잔도 사 마실 수 없다는 현실이다. 그 시절에 나는 한겨울에 따뜻한 가족들이 모여 식사를 하는 모습을 바라보는 성냥팔이 소녀처럼 살았다. 저 안에 들어가면 참으로 따뜻한데…, 창밖을 서성거리면서 성냥 하나를 켜서 그 온기로 북풍한설이 몰아치는 현실을 견디고 있었다.

하지만 온갖 악조건 속에서도 발레 공연은 계속했다. 분당 중앙공원 야외무대에서 공연을 한 적도 있다. 대관료는 물론이고 홍보비도 없었고 단원들의 공연 수당도 변변치 않았던 시절이었다. 자금 부족의 부작용은 단원들에게서 제일 먼저 나타난다. 공연 일정이 잡혔다는 사실을 알면서도 남성 댄서 전원이 출연료 문제로 줄행랑을 쳤다.

기가 막힌 일이었다. 다행히 그 공연은 청소년 제자 2명을 불러서 할 수 있었다. 그들이 바로 김기완, 김기만 형제였다. 무대가 만들어지고 음악이 울려 퍼지자 우리들의 공연은 시작되었다. 예매를 하지 않았지만 산책을 나온 시민들이 하나 둘 모여 들었다. 넓은 공원에 천여 명의 시민들이 앉아서 우리의 공연을 감상했다.

비록 무료 공연이었지만 공연을 마치고 나니 기분이 좋아졌다. 아름다운 무대 경험이었다고 시민 관람객들은 말했다. 나는 그때 생각했다. '사람들이 몰라서 모르는 것이다.' 우리 공연은 생활에 지친 이들에게 잠시라도 현실에서 벗어나 힐링할 수 있는 무대를 보여주었다. 공연이 끝난 후에 도망쳤던 댄서들이 찾아와 사과를 하고 다시 합류했다.

가슴 아픈 일이다. 내 상황이 어려워지니 주위의 사람들도 조금씩 멀어지는 것 같았다. 유명했던 시절에 만났던 사람도 잘 만나게 되질 않았다. 처지가 어려워지면 가까웠던 사람도 떠나게 마련이다. 사람의 일이라는 게 그렇다.

우리 발레단 전용 연습실을 마련하기 전에는 국립발레단 부예술감독을 하던 신무섭의 학원에 가서 단원들과 연습하기도 했다. 한때 나는 분당에 있는 대형빌라에서 외제차를 타고 다닌 적도 있었다. 그런데 이제는 허허벌판에 던져진 느낌이 들었다. 이런 상황에서 과연 지속적인 공연이 가능할 것인가 고민하지 않을 수 없었다.

나쁜 일은 몰아서 온다는 속담처럼 2006년 이후에는 개인적인 사정으로 그나마 가지고 있던 재산도 없어지자 발레단 운영이 더 어려워졌다. 결국 나는 지하 연습실을 마련했다. 말이 연습실이지 그곳이 나의 사무실이자 집이었다. 지하 연습실에서 소주 한 병에 김 몇 장을 먹으면서 저녁 끼니를 해결하면서 지냈다.

내가 지하실에서 사는 모습을 보고 누나가 간이침대를 마련해 주었다. 잠이라도 소파에서 자지 말고 침대에서 자라고 당부했다. 이원국의 인생이 말 그대로 바닥을 치고 앉아 있었다. 하지만 그 어두운 지하 작업실에도 전원을 켜면 깜빡거리며 들어오는 형광등 같은 희망을 나는 보았다. 바로 그 지하 연습실에서도 동네 사람들을 모아 놓고 소

공연을 하기도 했다.

　과학자들이 이런 실험을 했다고 한다. 큰 물통에 쥐들을 풀어 놓고 뚜껑을 닫은 후 빛을 완전히 차단했다. 그러자 평균 3분 만에 쥐들이 헤엄치기를 포기하고 죽었다. 한편 다른 물통에는 모든 조건을 똑같이 하되 구멍을 뚫어 한 줄기 빛이 물통에 스며들도록 했다. 그 통 안에 있던 쥐들은 평균 36시간 이상을 헤엄치면서 살아 있었다. 한 줄기 빛이 750배의 시간을 살아내게 했다. 우리들의 삶도 이러하지 않을까? 나는 지하실에서 한 줄기 빛을 바라보면서 3년을 버텼다. 이 상황은 잠시 머물다 지나갈 것이라는 희망을 품고, 고치 속에서 날아오르는 나비의 꿈을 꾸면서 버텼다. 정말 힘들고 고된 세월이었다.

〈파키타〉 中에서

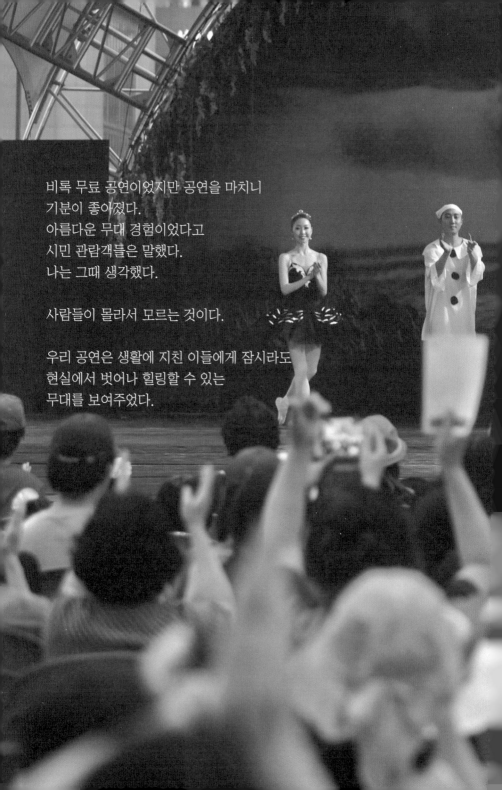

비록 무료 공연이었지만 공연을 마치니
기분이 좋아졌다.
아름다운 무대 경험이었다고
시민 관람객들은 말했다.
나는 그때 생각했다.

사람들이 몰라서 모르는 것이다.

우리 공연은 생활에 지친 이들에게 잠시라도
현실에서 벗어나 힐링할 수 있는
무대를 보여주었다.

월요 발레의 탄생

20 07년부터는 조금씩 일이 들어오기 시작했다. 적당한 개런티를 받으면서 여기저기 공연도 다니기 시작했다. 유니버설 문훈숙 단장님께서 10년 만에 연락을 해서 〈돈키호테〉 공연을 제의해 오면서부터 무대에 서는 횟수가 늘어나기 시작했고 나는 어느덧 마흔 살이 되었다.

남자가 마흔 살이 되면 제2의 사춘기가 온다고 한다. 그동안은 발레에 미쳐서 세상을 보는 눈이 없었다. 무대 위에서 당당한 왕자로 살다보니 공주를 사랑하는 춤을 추었지 세상을 사랑하는 법을 잘 몰랐다. 그러니 당연히 현실 감각이 떨어지고 고생스러운 건 당연하다 생

각했다. 하지만 자존감 때문에 나의 어려운 모습을 남에게 보여주긴 싫었다. 돈이 있으면서도 단원들에게 공연 수당을 안 준다는 오해를 받기도 했지만, 단원들에게 내가 지금 한 달에 20만 원으로 버틴다고 궁상을 떨 수도 없었다. 내 맘이 남 맘 같지 않으니 모든 일이 순조롭게 굴러가지 않았다.

안나 파블로바는 무려 15년 간 유럽, 미국, 일본, 남아프리카, 페루 등지를 돌면서 대도시는 물론 작은 마을에서도 평생 4000여 회의 공연을 했다. 나는 우리나라 발레가 세계적인 무대로 나아가기 위해서는 우선 공연이 많아야 한다고 생각했다. 어떻게 하면 공연을 많이 할 수 있을까? 내게 주어진 상황 안에서 최선의 방법을 찾았다.

2014년 현재, 이원국발레단은 매년 150회 이상의 공연을 하고 있다. 그 디딤돌이 바로 대학로 소극장에서 펼치는 '월요발레'이다. 월요일은 연극 공연의 메카인 대학로에 공연이 없는 날이었다. 따라서 공연장을 저렴하게 이용할 수 있다. 우리 처지에 맞는 공연장을 찾았다. 월요발레는 우리가 할 수 있는 최선의 선택이었다.

매주 월요일 대학로 소극장에서 전막 공연의 하이라이트를 편집해서 해설과 함께 보여주는 것이다. 그러면 대중들이 발레에 가깝게 다가오지 않을까? 우리의 예상은 적중했다. 월요발레 관객 대부분이 난생 처음 발레를 보는 분들이셨지만, 그들이 두 번, 세 번 심지어 열 번 이상 단골 관객으로 찾아오셨다.

처음에 월요발레를 한다고 하니 눈총을 보내는 이들도 있었지만 전혀 신경 쓰지 않았다. 공연장에 단 한 명의 관객만 있어도 공연을 한다는 신념으로 연습했다. 발레는 고급 공연 예술이라는 선입견을 벗어 버리고 싶었다. 상식적으로 발레 공연은 넓은 무대와 화려한 오케스트레이션을 떠올린다. 무대 아래 자리 잡은 오케스트라의 음악과 넓고 높은 공연장은 최상의 조건이다. 하지만 나는 이런 틀에서 벗어났다. 대극장에서 하는 2시간 이상의 전막 공연은 우리에게 주어진 조건에서 자주 소화할 수 있는 무대가 아니었다.

요즘에는 와인바가 유행이다. 정통 와인을 제대로 음미하기 위해서는 여러 가지 지식과 경험이 있어야 한다. 격식에 맞는 테이블과 와인과 잔, 그리고 은은한 촛불이 있는 고급 식당이 어울린다. 일반인들이 이런 식탁을 즐긴다는 건 매우 드문 일이다.

지금은 와인에 대해 잘 모르는 사람들도 와인을 즐기고 맛있다고 느끼는 것이 자연스러운 시대이다. 발레는 술로 치자면 고급 와인과 비교할 수 있고, 월요발레는 테이블 와인과 비교할 수 있을 것이다. 손

〈돈키호테〉中에서

쉽게 접할 수 있는 테이블 와인을 마시면서 점점 고급 와인에 대한 접근도 가능하다. 비싼 공연료를 지불하고 찾아오는 관객을 위한 오페라하우스의 공연도 있어야 하지만 저렴한 비용으로 소극장 공연에서 대중발레를 즐기다 보면 시장이 확대될 것이다.

2008년부터 대학로 소극장에서 시작된 공연은 이러한 아이디어에서 출발했다. 사실 연극 무대로 만들어진 소극장은 발레 공연을 하기에는 적당한 장소가 아니다. 우리는 연극 공연 세트가 있는 무대에서 월요발레를 시작했다. 무대 세트가 아닌 연극 무대의 세트를 배경으로 해도 관객들은 즐겁게 관람했다. 소극장은 관객과 댄서의 거리가 너무 짧아서 댄서의 땀방울까지도 보이고, 호흡소리도 들린다. 타이즈를 입고 다리를 들어 올려야 하는 여성 댄서들의 경우에는 민망하다고 하는 경우도 있었다. 하지만 우리 공연을 보고 감동을 받아 공연을 열 번 스무 번 보는 관객도 만난 적이 있다.

30여 평 남짓한 지하창고를 개조한 공연장에서는 발레리노가 들어 올린 발레리나의 팔이 천장에 닿기도 했다. 조명장치가 있는 곳을 피해 회전을 하고 리프팅을 해야 하지만 관객들은 어느새 우리 공연에 스며들어 무대가 좁은 것을 잊는다. 좁은 무대는 분명히 단점이지만 단점을 장점으로 볼 수도 있다. 발레를 근거리에서 볼 수 있다는 것은 발레를 사랑하는 사람에게는 매우 좋은 기회이다. 댄서들의 호흡소리와 땀방울을 보면서 무대와 객석의 거리만큼 대중과 발레의 거리가 좁혀지기를 바라는 마음이 간절했다.

어떤 상황에서도 지금 주어진 조건에서 최선을 다하는 것이 예술가의 자세라고 본다. 제1차 세계 대전 중에 적군이 코앞에 까지 몰려와도 러시아 키로프 극장의 무대만큼은 불을 밝혔다고 한다. 많은 러시아 사람들이 키로프 극장의 불빛을 보고 '우리는 패배하지 않는다.' 하는 희망을 가졌을 것이다.

소극장에서 선보이는 월요발레 공연은 많은 단점에도 불구하고, 그 단점을 장점으로 만들어 가고 있다. 관객들을 사랑하는 예술가들의 마음이 발레 공연으로 나타나는 것이다. 출연료가 없는 봉사공연도 이런 마음가짐으로 했다. 우리 공연을 보고 한 사람이라도 감동을 받고, 일상에 지친 사람이 위로 받을 수 있다면 그것이 발레 대중화의 첩경이라고 믿고 싶었다.

우리는 매주 일요일 연습실에 모여 공연 준비를 했다. 월요발레는 매주 다른 프로그램으로 공연을 준비하다 보니 단원들은 여러 작품을 효율적으로 연습하는 기회를 가지게 되었다. 나의 선택에 후회는 없다. 나는 이원국발레단에서 안무가와 댄서로 그동안 세계 각국의 거장들에게서 배운 발레를 후배들에게 전수하고 있다. 이들이 우리 발레단을 거쳐 국제적인 무대에서 스타가 되기를 간절히 바라고 있다. 다른 일은 몰라도 발레를 하는 동안에는 게으른 적이 없었다. 이것이 오늘 무엇을 하였느냐는 질문에 대한 나의 대답이다.

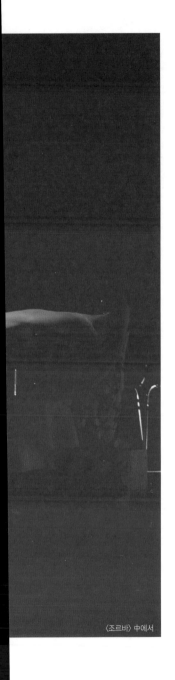

〈조르바〉中에서

이원국발레단은
매년 150회 이상의 공연을 하고 있다.
그 디딤돌이 바로 대학로 소극장에서 펼치는
'월요발레'이다.'

소극장에서 선보이는 월요발레 공연은
많은 단점에도 불구하고,
그 단점을 장점으로 만들어 가고 있다.

우리 공연을 보고 한 사람이라도 감동을 받고,
일상에 지친 사람이 위로 받을 수 있다면
그것이 발레 대중화의 첩경이라고 믿고 싶었다.

비 내리는
낙안읍성에서
서울특별시 문화상까지

전 라남도 순천에서 공연할 때의 일이다. 낙안읍성 야외무대 공연을 준비하고 있는데 아침부터 날씨가 꾸물거리더니 리허설을 할 때부터 비가 내리기 시작했다. 단원들은 서둘러 공연 무대의 빗물을 닦았지만, 점점 빗줄기가 굵어지더니 공연시간이 되자 폭우가 쏟아지기 시작했다. 악천후 때문에 발레 공연을 도저히 할 수 없는 상황이었다.

주위를 둘러보니 읍성 안에 관청자리인 동헌 건물이 있었다. 조선시대의 모습을 사실적으로 만들어 놓은 전시 공간에는 사또나 이방이 인형으로 설치되어 있었다. 우리는 동헌에 전시된 밀랍인형을 뜯어내창고로 옮기고 공연준비를 했다. 동헌에는 방이 2개 있어서, 남성 댄서와 여성 댄서가 의상을 준비하는 임시 대기실로 사용했다.

우리 발레단은 동헌의 툇마루에서 공연을 시작했다. 마룻바닥이 너무 딱딱해서 발가락을 세워야 하는 댄서들의 발이 아프고, 심지어 마루의 벌어진 틈새로 여자 댄서의 토슈즈가 끼어들어가 비틀거리기도 했다. 공연을 하기에는 최악의 조건이었다. 하지만 우리들은 그 무대에 춤을 췄다. 마당에 떨어지는 빗방울이 튀어 오르는 한옥의 구석구석에서 우리 공연을 보고 있는 관객들이 있었다. 비를 피하기 위해 처마 밑에 둘러서서 우리들의 새로운 무대를 본 것이다.

관객들의 표정이 조금씩 밝아지기 시작했다. 우리는 예정된 공연을 무사히 마쳤다. 고단한 일상 속에서 바쁜 사람들, 여러 가지 사정으로 비싼 입장료를 내고 대극장을 찾아가지 못하는 사람들에게 우리는 최선을 다해 공연했다. 가뭄 든 논에 물을 대는 마음으로 발레를 통해 그들의 지친 일상에 꿈과 희망을 주고 싶었다.

마산에서는 시민회관과 학교 강당에서 공연했다. 관객들의 반응은 뜨거웠지만 우리들은 출연료를 무학소주 한 박스와 떡으로 대신해서 받았다. 정읍에서 공연할 때에는 한겨울 폭설이 쏟아져서 공연장까지 차도 올라가지 못하는 상황이 되었다. 무릎까지 빠지는 눈밭을 헤치고 가서 기어이 공연을 했다. 매우 춥고 고단한 공연이었지만 정신력으로 버텼다.

시골 마을에서의 공연은 여러 가지로 상황이 열악하지만 우리는 우리를 필요로 하는 곳이라면 항상 달려갔다. 항상 느끼는 것이지만 어떤 장소에서도 발레를 보고 난 관객들의 반응은 좋은 편이다. 얼마 전 인천에서는 학생들이 체험학습 수업으로 공연을 보고 나서 열광적인 반응을 보여 주었다. 동행한 담당 선생님이 이번 공연으로 학생들이 힐링되었다면서 고맙다는 인사를 하기도 했다. '세월호 참사'로 상처받아 아픈 가슴에 조금이라도 위로가 되었다면서 공연에 대해 긍정으로 평가했다.

서울시청 광장에서는 황당한 일도 있었다. 시청광장 공연은 우리 발레단을 홍보할 좋은 기회이기도 했다. 그런데 그날이 시청 광장에서 노무현 대통령의 서거 1주년 추모 집회가 열리는 날이었다. 그 사실을 전혀 모르고 공연 준비를 하고 있었는데, 시간이 지날수록 시청 광장으로 노대통령을 추모하는 수천 명의 인파가 모여들고 있었다. 서울시에서 시위를 하는 사람들을 전혀 고려하지 않고 우리 공연 스케줄을 잡은 것이다. 정치적인 의도가 있었는지는 모르지만, 그런 사정을 모르고 우리는 시청에 도착했다.

공연은 7시에 예정되어 있었고, 4시에 리허설이 있었다. 추모 인파들은 우리의 리허설 장면을 보고는 심한 욕설을 하면서 심지어 돌을 던지기도 했다. 나는 공연 준비를 계속했지만 시위 인파가 몰려들어 광장에는 뜨거운 군중심리가 꿈틀거리고 있었다. 대중심리는 일시적

〈겐자노 꽃축제〉 中에서

으로 불타오르면 무서운 결과를 낳기도 한다.

고래싸움에 새우등이 터지는 꼴이 되면 안 되겠다는 생각이 들어 나는 발레단을 피신시키고 혼자 남아 공연 무대를 지켰다. 불가항력적인 이유로 공연이 취소되더라도 5분 전까지 공연자가 무대에 대기하고 있으면 예정된 공연료의 70%를 받을 수 있기 때문이었다.

그날 나는 공연료의 70%를 받고 시청 광장을 걸어 나왔다. 광장을 빠져 나오면서 참으로 난감한 기분이 들었다. 나는 시국의 정서를 이해하지 못하는 시위 인파의 욕설대로 '매국노'인가? 아니면 발레단을 유지하기 위해 몸부림치는 공연 예술가인가? 발레 공연은 정치가 아닌 예술이다. 우리 공연을 노무현 대통령의 추모 공연으로 생각하면 안 되

춤 안에서 살라

는 것일까? 이런 생각이 불온한 것인가? 위대한 인물을 추모하는 발레 공연은 유럽 문화의 일부이기도 하다. 우리나라는 아직 그런 정서가 부족했다. 그때 암담한 마음으로 걸어 나왔던 서울 시청을 2011년에는 당당하게 걸어 들어갔다.

나는 서울시 문화상 무용부문 수상자 자격으로 시청을 방문했다. 서울시 문화상 수상자 중에서 역대 최연소 수상자라는 영광도 있었지만, 이 상은 한 분야에 경륜이 있는 대가에게 주는 상이기에 송구한 마음으로 받아들였다.

서울시 문화상은 서울의 문화발전과 문화예술진흥에 기여한 공로자를 발굴해 시상하는 우리나라 최고의 전통과 권위를 자랑하는 상이

다. 1948년 제정된 이래 한국전쟁 3년을 제외하고 매년 수상자를 선정하고 시상했다. 그 해 수상자는 신현득(문학), 황용주(국악), 오현경(연극), 정관모(미술), 진은숙(서양음악), 정일성(대중예술), 박광훈(문화재), 이원국(무용), 안양옥(체육), 이정일(문화산업), 강민수(관광) 등이었다.

당시 박원순 시장이 세종문화회관 대극장에서 서울의 문화발전에 기여한 문화예술계 공로자 11명에게 「제60회 서울특별시 문화상」을 수여했다. 개인적인 영광이기도 했지만 우리 발레단을 알아준다는 고마움도 있었다.

그런데 상금이 없다는 통보를 받고 섭섭한 마음이 들었다. 그동안 수상자에게 수여한 상금제도가 마침 그 해부터 사라진 것이다. 시장은 이런 저런 핑계를 대며 상금을 수여할 수 없게 되었다고 궁색한 변명을 했다. 수상자 중에 원로 두 분은 박원순 시장에게 심하게 소리를 지르기도 했다. 박 시장은 그저 고개만 숙이고 있었다. 상금은 불로소득이 아니다. 한 분야에서 최고의 인물에게 주는 선물이다.

평생 외길을 걸어온 고독한 예술가에게 그 정도 지원도 하지 않으면서 문화 정책 운운하는 것은 부끄러운 일이라고 생각한다. 이런 문화정신으로 어떻게 우리 문화가 발전할 수 있을지 모르겠다.

둥지

우 리 발레단은 스튜디오 없이 철새처럼 떠돌아다니다가 드디
어 둥지를 틀게 되었다. 지난 2009년 10월 1일에 서울문화재
단과 한국문화예술위원회의 상주단체 육성지원 사업에 선정되어 노원
문화예술회관에 우리 발레단이 입주를 했다. 매년 우수발레단으로 선
정된 그동안의 성과에 대한 보상으로 좋은 기회를 잡은 것이다. 그때가
추석 즈음이어서 우리는 한가위 선물을 받은 느낌으로 이삿짐을 옮겼
다. 지금은 '젊은 청춘이여, 희망을 쏘아 보자'라고 이원국발레단의 모
토를 마음 문패로 걸어 놓고 휴일도 없이 공연 연습에 몰두하고 있다.

노원문화예술회관에서의 첫 공연은 250석 규모의 창조극장 무대에서 이루어졌다. 공연 전날까지 나는 초초했다. 이 날의 공연은 이원국발레단의 '해설이 있는 발레'라는 타이틀을 걸었다. 과연 이원국의 발레를 보기 위해 관객이 몇 명이나 올까 싶었다.

초초한 마음으로 공연장 주변을 서성거리고 있었는데 극장에 사람들이 몰려들기 시작하더니 객석은 만석이 되었다. 너무나 고마운 마음으로 관객들이 꽉 찬 공연장에서 발레 해설을 시작했다. 지금은 너스레를 떨면서 가끔 발레 동작을 시범으로 보여주면서 자연스럽게 해설을 하지만, 그때는 경험이 없어 어떤 말을 먼저 해야 할지 무대 공포증이 있는 사람처럼 진땀을 흘렸다. 그 무대에서 나는 만감이 교차했다. 마린스키와 같은 세계적인 극장에서 수천 명의 관객을 놓고 공연을 한 경험과는 다른 느낌이었다. 작지만 크다고나 할까, 관객이 이토록 소중한 것인지 몰랐다. 한 사람 한 사람을 찾아가는 마음으로, 이 둥지에서 힘차게 날아올라야 한다는 각오로 공연을 성공적으로 마쳤다.

나는 은퇴하지 않은 은퇴한 댄서이다. 국립발레단에서 은퇴를 했으니 이제는 지도자의 길을 걸어야 한다는 주위의 조언을 이원국발레단을 이끌면서 반은 실천한 셈이다. 그리고 나의 춤은 계속된다. 나에게 은퇴란 없다. 나는 단원을 지도하고 동시에 무대에 오른다. 무대에서 혼신의 힘을 다하면 온몸에 땀이 줄줄 흐르면서 희열이 넘친다. 관객과 발레에 대한 이야기를 나누면서 소통하면 존재감이 더 살아난다. 그들과 기념촬영을 하고 악수를 하면서 교감한다. 은퇴하지 않은 현역 댄서의 행복한 순간이다.

나는 우리 발레단의 미래를 생각하면서 밑그림을 그리곤 한다. 우선 내 고향인 부산에 발레 아카데미를 만들어 발레 댄서들을 성장시켜 서울 무대로 진출시킨다는 계획이다. 부산과 서울에 이원국 발레 아카데미를 오픈해서 좋은 댄서를 발굴한다면 앞으로 10년 안에는 우리 발레단의 인지도가 높아지고 꿈에 그리던 완전 자립도 할 수 있지 않을까? 그 다음엔 그것을 발판으로 세계적인 발레단으로 성장한다는 계획을 가지고 있다. 둥지에서 알을 깨고 비상하는 독수리처럼 나의 제자들이 날개를 달고 세계무대로 훨훨 날아갔으면 좋겠다.

나는 단원들에게 말한다. 나의 모든 것을 흡수하고 더 넓은 무대로 나아가라고. 이원국발레단에서 최고의 댄서가 되고 나서 떠나라고 조언한다. 국립발레단이나 유니버설발레단에서는 나처럼 지도하지 않는다. 그들은 이미 프로들이기 때문이다. 하지만 우리는 상황이 다르다. 이런 상황이 단원들에게는 좋은 기회가 될 수도 있다. 우리 발레단이 국립발레단 수준이라는 자부심을 가지고 공연과 연습을 거듭하면 새로운 스타 댄서가 탄생할 것이다.

우리 발레단에서 1년 정도 고생하면 주역 자리가 찾아온다. 나는 단원들 간에 긴장감을 유지시키기 위해 서로 경쟁심을 부추기기도 한다. 단원들 간에는 심리적으로 질투와 갈등이 있어야 된다. 단 건강한 자세로 서로 단점을 지적하고 장점을 칭찬하면서 배우는 것이 그 바탕이다. 이원국발레단 소속이라는 생각에 머물지 말고 모든 댄서가 조직에 수석이고 중심이 되어야 한다. 국립발레단이나 유니버설발레단이 삼성, 현대와 같은 대기업이라면 우리 발레단은 작은 중소기업이다. 이 점을 앞으로 성장할 가능성이 많다는 장점으로 생각하고 앞으로 달려가는 것이다.

나의 제자들 중에서 발레리노 김기완, 김기민 형제에게 기대를 걸어본다. 김기완은 현재 국립발레단 수석 무용수로 활발하게 활동하고 있고, 김기민은 3년 전에 러시아 마린스키발레단에 최초의 한국인 발레리노로 입단했다. 마린스키발레단은 외국인 댄서를 입단시키지 않는 것으로 유명하다. 2010년 유일한 외국인이자 한국인 발레리나였던 유지연 씨가 은퇴한 뒤로 외국인 단원이 없었다. 유지연은 러시아 바가노바 발레학교 출신이지만 김기민은 유학 경험이 없었다. 평소 기민이가 마린스키발레단은 꼭 거치고 싶은 무용단이라고 입버릇처럼 말해왔는데 그 꿈을 이루었다. 정말 자랑스러운 일이다.

김기민은 초등학교 6학년 때 나의 제자로 들어와 본격적으로 발레를 시작했다. 김기완은 동생보다 세 살 많은 중학생이었다. 당시 국립발레단 노조 설립 문제로 고민하고 있을 때 두 형제의 어머니가 떨리는 목소리로 전화를 걸어왔다. 두 아들의 발레를 한 번만 보아 달라는 전화였다. 나는 형제들의 춤을 보고 둘 다 상당한 재능이 있다고 판단했다. 김기완은 전형적인 왕자 역할에 어울리는 탁월한 재능이 있었다. 기민은 내 눈에 뭔가 특별한 재능이 보였다. 당시 부모님들은 신체적인 조건이 좋은 김기완에게 더 기대를 거는 눈치였다. 하지만 나는 기민을 기대주로 생각했다. 말로 설명하기에는 힘들지만 오랜 경험을 통해 내 눈에 보이는 게 있었다. 첫눈에 대단히 뛰어난 댄서로 성장할 가능성이 보였다.

두 아들 중에 누가 더 재능이 있느냐고 어머니가 물어왔다. 내가 대답도 하기 전에 어머니는 "역시 기완이지요?" 하고 물었다. 나는 기완이도 대단하지만 기민이가 더 재능이 있다고 대답했다. 예상 밖의 대답을 들은 어머니는 놀라는 눈치였다. 옆에 있던 국립발레단의 후배역시 기민에게 점수를 더 주었다.

김기민은 중학교 3학년 때 한국예술종합학교 영재과정에 입학해 조기졸업을 하고 2009년 러시아 모스크바 콩쿠르 주니어 부문에서 금상 없는 은상을 수상했고, 2010년 불가리아 바르나 콩쿠르 주니어 부문에서 우승을 차지하는 등 촉망받는 발레리노로 성장했다.

바르나는 앞에서도 썼듯이 내가 파이널리스트로 남은 아쉬운 무대였다. 나는 김기민이 바르나에서 우승을 했다는 소식을 듣고 얼마나 기뻤는지 모른다. 그리고 김기완도 국립발레단의 수석 무용수로서 우리나라 발레를 이끌어나갈 진정한 왕자로 성장했다. 연습실에서 여섯 시간 동안 조금의 흔들림도 없이 나의 가혹한 훈련을 감당해 내는 대단한 발레리노다. 두 형제의 가능성이 어디까지 갈지 아무도 모른다.

나는 기완과 기민에게 이런 말을 해 주고 싶다.

"이제부터 시작이다."

이제 이들 형제에게는 앞으로 다가올 10년이 정말 중요하다. 세계 최고의 댄서가 되겠다는 부담감을 버리고 항상 초심을 잃지 말아야 한다. 지나온 10년보다 앞으로의 10년이 더 힘들고 고통스러울 것이다. 사람은 10년을 단위로 거듭나야 한다. 누구나 지난 10년보다 앞으로의 10년은 더 힘들다. 나는 경험을 통하여 잘 알고 있다. 발레는 정상에 서서 야호 한 번 부르고 내려오는 등산이 아니다. 그것은 한 고개일 뿐이다. 두 형제가 이 고개를 잘 넘어가서도 꾸준히 노력하는 발레리노 형제가 되기를 나는 항상 응원하고 갈채를 보낸다.

그동안 이원국발레단의 중간평가를 스스로 하자면 공연은, 특히 소극장 월요발레 공연은 성공적이었다고 생각한다. 그런데 월요발레 공연은 만석이 되기도 하고 때론 빈자리가 많이 보이기도 했다. 그 요인은 홍보에 있었다. 이 문제는 앞으로 우리 발레단이 꼭 풀어야 할 과제이다.

미래는 또 다른 오늘일 따름이다. 우리는 단 몇 초 앞도 볼 수 없는 오늘의 존재이기 때문이다. 발레단이 자립하기 위해서는 우선 단원들이 프로로서 실력을 갖추고 관객들을 잘 모실 수 있는 홍보가 필요하다. 이 두 가지 조건이 갖추어지지 않으면 개인 발레단은 자립할 수 없다. 이 정도면 되지 않을까, 하는 자기 검열을 임의로 하고 한계점을 두면 성장할 수가 없다. 항상 절실한 마음으로 최선을 다해야 한다. 그래서 우리는 창작 발레 공연에 심혈을 기울이고 있다.

〈카르멘〉 中중에서

나는 우리 발레단의 미래를 생각하면서
밑그림을 그리곤 한다.

둥지에서 알을 깨고 비상하는 독수리처럼
나의 제자들이 날개를 달고
세계무대로 훨훨 날아갔으면 좋겠다.

〈여명의 눈동자〉로,
드라마발레의
여명을 밝히다.

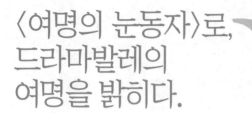

우 리 발레단은 2010년 〈사운드 오브 뮤직The Sound of Music〉,
2012년 3월 〈발레리나 춘향〉에 이은 세 번째 순수 창작 작품
〈여명의 눈동자〉를 공연했다. 이 작품은 우리 현대 문학 작품을 드라
마 발레로 만들어 공연했다는 의미가 있다. 발레 스토리는 문학에 뿌
리를 두고 있다. 셰익스피어의 〈로미오와 줄리엣〉을 비롯해서 〈돈키호
테〉, 〈지젤〉에 이르기까지 발레 스토리는 기존의 문학작품을 근간으로
만들어진다. 우리나라의 창작발레인 〈심청〉과 〈춘향〉도 이러한 케이
스이다. 나도 우리나라 현대 문학작품으로 작품을 만들고 싶었다.

　김성종의 대하소설 〈여명의 눈동자〉는 내가 청소년 시절에 읽고 감동받았던 작품이다. 평소 항일 저항기를 소재로 한 발레로 만들면 좋을 것 같다는 생각을 하곤 했었다. 〈여명의 눈동자〉는 여주인공을 통해 우리나라의 지난한 근현대사를 조명한 베스트셀러 소설이다. 더불어 고 김종학 감독이 연출한 드라마로 이미 대중들에게 지명도가 높았다. TV 드라마는 각색이 더해지다 보니 원작 소설과 차이가 있었다. 발레 '여명의 눈동자'는 원작에 가깝게 표현하려고 노력했다.

원작 소설은 총 10권 정도의 방대한 분량이다. 그 많은 분량을 2시간 안의 춤에 담아내야 하기 때문에 작품이 던지는 메시지를 중심으로 스토리를 압축해서 안무하기 시작했다. 먼 산에 떠오르는 태양처럼, 우리 역사를 관통하는 강물처럼 도도하게 흐르는 스토리 안에서 섬광처럼 빛나는 한 부분을 잡아 발레로 만들었다. 여주인공인 여옥의 모습에서 우리의 민족성과 일제에 저항하는 강한 의지가 나타나야 하고, 항일 저항기의 고통과 분단의 아픔, 전쟁의 슬픔을 갖고 있는 나라인 우리 민족의 '혼'에 접신해서 춤을 취야 한다.

전체적인 구성을 마치고 안무에 들어갔다. 특히 전쟁 장면에서 어떻게 안무를 해야 할지 고민이 많았다. 발레는 몸으로 이야기를 하기 때문에 손을 한 번 드는데도 의미를 갖고 있어야 하고, 그 동작이 역사적 상황과 이어져야 하기 때문이다. 드라마에서는 수천 명이 출연해 전쟁의 큰 스케일을 표현한다. 발레는 드라마처럼 출연진들을 동원할 수 없기 때문에 안무를 통해서 그 스케일을 담아야 했다.

나는 작품 제작을 위해 작가 김성종 선생과 만나 깊은 이야기를 나

〈여명의 눈동자〉 中에서

넜다. 김성종 선생은 어떻게 이 소설을 발레로 할 생각을 했냐면서 반겨주었다. 선생님과 대화하면서 여옥의 파란만장한 삶을 춤을 통해 어떻게 표현할 것인가를 생각했고, 발레 작품의 마지막 장면은 하림과 대치, 여옥 세 사람의 춤으로 할 생각을 했다. 그들의 삼각관계를 통해 우리 역사의 한 부분을 상징적으로 보여주려고 노력했다. 굴곡진 우리 근대사 안에 여옥의 삶이 있고, 여옥의 삶이 역사 속에 녹아 있었다. 내가 최대치 역을 맡았고, 나의 파트너로 발레리나 최예원과 이영진이 여옥 역을 맡았다.

발레는 전통적으로 음악 선곡이 중요하다. 러시아의 차이콥스키 시절에 발레의 고전이 많이 탄생했다. 〈백조의 호수〉, 〈호두까지 인형〉과 같은 작품은 오리지널 음악도 유명한 작품이다. 현대 발레에도 창작 음악이 있다면 좋겠지만 현실적으로 창작곡을 사용하기에는 여러 가지로 어려움 점이 많아 슈베르트, 차이콥스키, 비제, 베토벤 등의 음악을 사용했다.

클래식 음악에는 기승전결이 있다. 한 곡 안에 희망과 좌절, 용기와 기쁨 등이 다 들어있다. 음악의 느낌과 작품의 스토리가 어울리는 부분을 골라서 선곡하고 편집했다. 예를 들어 베토벤 7번 2악장은 웅장하면서 애절한 감정을 느낄 수 있다. 슈베르트의 곡도 들었을 때 애잔한 상상력을 자극하기 때문에 안무와 절묘하게 조화시키려고 노력했다. 문학 작품이 음악과 만났을 때 터져 나오는 상승효과를 기대하고 음악 선곡을 했다. 이미 사람들의 귀에 익숙한 클래식 음악을 배경으로 시작부터 빠른 전개로 지루할 틈이 없게 하려고 안무했다. 특히, 마지막 장면인 대치, 여옥, 하림의 춤은 베토벤의 음악에 맞춰 극적인 드라마를 보여준다. 이 장면에서 많은 관객들이 감동을 받았다고 한다.

이 공연을 기획하면서 〈여명의 눈동자〉 무대를 미니어처로 만들어 보기도 했다. 내가 문방구에서 산 종이로 만든 미니어처 무대를 보고 주위 사람들이 놀라기도 했다. 지승공예 전문가인 어머니를 닮아서인지 종이를 만지는 감각이 조금 있는 것 같기도 하다. 나는 내가 모르는 것은 항상 전문가에게 물어 본다. 항상 열린 마음으로 공연준비를 하면 불가능해 보이던 것들이 결국은 할 수 있는 것이었다는 사실을 알게 된다. 하지만 나는 이 공연의 안무를 비롯해서 기획, 음악 선곡, 댄서 섭외와 무대 디자인까지 모든 것을 혼자 해결해야 했다.

더군다나 이 작품을 기획할 때부터 여러 공연 스케줄이 잡혀 있어 공연 한 달 전에야 연습을 시작했다. 50명 이상의 출연진이 필요한 대작이고, 시간도 촉박해서 퍼즐놀이에서 퍼즐을 맞추는 방법으로 연습을 했다. 주역, 군무 등 각 파트가 모여서 연습을 할 수가 없을 때는 각자 따로 연습하고 다시 맞추어보았다.

그때는 광기에 휩싸인 천재처럼 행동한 것 같다. 댄서에게 안무를 지시하고 동작을 보면 금방 저건 맞다 아니다, 하는 생각이 들어 다시 수정하면 그 안무가 좋았다. 단원들도 나의 이런 태도에 열정을 느껴서인지 더 열심히 연습에 임했다. 안무를 하다가 단원들과 의견이 맞지 않을 때도 있었다. 댄서가 동작에 빠져 내가 음악을 선곡한 이유를 잘 모르다가 공연을 하고나서야 정말 좋은 안무였다고 인정하는 경우도 있었다. 참으로 힘들게 마련한 무대여서인지 애정이 많이 가는 작품이다.

그리고 우리에게 익숙한 현대문학 작품을 통해서 자라나는 세대들을 위한 교육적인 효과도 기대했다. 우리나라 격변기의 역사를 일깨워주고, 한민족으로 분단의 역사를 돌아볼 수 있다는 점에서 역사 인식이 있는 작품이기 때문이다. 우리 관객들이 우리나라 창작발레를 더욱 관심과 사랑으로 관람한다면 앞으로도 좋은 창작 발레가 탄생할 것이다.

〈여명의 눈동자〉 中에서

〈사운드 오브 뮤직〉,
〈발레리나 춘향〉에 이은
세 번째 순수 창작 작품
〈여명의 눈동자〉를 공연했다.
우리 현대 문학 작품을
드라마 발레로 만들어 공연했다는 의미가 있다.

우리 관객들이 우리나라 창작발레를
더욱 관심과 사랑으로 관람한다면
앞으로도 좋은 창작 발레가 탄생할 것이다.

〈여명의 눈동자〉 中에서

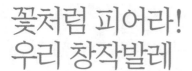

꽃처럼 피어라!
우리 창작발레

이 원국발레단의 〈춘향〉은 기존의 유니버설발레단의 작품과는
다른 버전으로 만든 것이다. 동일한 소재를 다루더라도 누가
안무를 하느냐에 따라 다른 작품이 탄생한다. 우리들은 〈춘향〉을 관
객들이 접근하기 쉽게 해학적인 작품으로 만들어 공연했다. 예를 들
어 과거를 보는 장면에서는 선비들이 서로 컨닝을 하는 모습을, 월매
는 우아하고 아름다운 여자로, 방자와 향단은 꺼꾸리와 장다리로 설정
해 그에 어울리는 댄서를 기용했다. 악역인 변사또는 멋을 아는 야비
한 도둑고양이이자 미치광이로 각색해서 무대에 올렸다. 러시아의 차
이콥스키와 라흐마니노프의 음악을 사용한 총 1시간 20분 전막 공연

에서 하이라이트 장면은 이몽룡과 춘향의 러브신이다. 두 사람을 중심
으로 군무가 몽유병환자처럼 돌아다니는 환상적인 장면을 연출했다.

　외국에서 인지도가 높은 우리나라 창작발레는 〈춘향〉과 〈심청〉이
다. 이제 이 두 작품을 넘어서는 작품을 만들어야 러시아의 〈스파르타
쿠스〉와 같은 작품이 나올 것이다. 나는 항상 새로운 작품을 염두에 두
고 있다. 영국의 작곡가 엘가의 「위풍당당 행진곡」을 들으면서 이순신
장군을 소재로 한 발레 안무를 생각하기도 한다. 학익진鶴翼陣 전법으
로 왜군을 물리치는 장면을 구상하면 러시아의 〈스파르타쿠스〉와 같
은 역동적인 남성 댄서들의 안무가 가능하지 않을까? 한산섬에서 홀
로 고독하게 사색하는 장군의 모습을 통하여 인간의 근본적인 고독에
시달리고 있는 장군의 모습은 어떻게 안무를 하면 좋을까? 광화문 사

〈춘향〉 中중에서

거리에 서 있는 동상을 연상하면서 이 웅장하고 당당한 행진곡 음악에 맞추어 영웅이 걸어 들어오는 장면을 생각해 본다.

창작 발레 작품을 위해 선곡한 음악을 들으면서 안무를 하면 마치 실제 무대에서 공연하는 것처럼 머릿 속에 전 과정이 파노라마처럼 펼쳐진다. 나는 비교적 빠른 시간에 안무를 한다. 이는 항상 공연에 쫓기다 보니 생긴 습관이다. 어떤 경우에는 공연 며칠 전에 안무를 완성하기도 한다. 이러한 방법은 장단점이 있다. 처음 연습할 때에는 잘 이해하지 못한 단원들이 공연이 끝나고 나서야 어떻게 그런 안무를 했느냐고 놀라기도 하다.

국립발레단을 비롯한 여러 발레단에서 우리 창작 발레를 공연하고 있지만 우리나라 창작 발레는 아직 갈 길이 멀다. 〈심청〉, 〈춘향〉과 같은 작품들, 즉 우리 이야기를 가지고 발레를 만드는 것만으로는 세계 무대에서 인정받기 힘들다. 세계의 무대에 설 수 있는 보편성이 있는 작품이 필요하다. 작품에는 민족이나 인종을 떠나 세계인들이 공감하는 예술적 가치가 있어야 된다. 아직까지도 〈지젤〉이나 〈백조의 호수〉가 전 세계에서 공연되고 각기 다른 나라의 대중들에게 감동을 주는 이유는 매우 단순하다. 그 작품에는 예술적 가치와 더불어 국경을 초월한 감동이 있기 때문이다. 사람들은 백조가 어느 나라 백조인지 궁금해 하지 않는다. 환상적이고 아름다운 백조이기만을 바라는 것이다. 이러한 보편적인 감동이 예술의 정수가 아닐까 싶다.

비극 「맥베스」를 창작드라마 발레로 만든 〈스코틀랜드의 꽃The

Flower of Scotland〉은 2013년 문화체육관광부의 아르코 공연지원금을 받아 만든 작품이다. 우리는 멘델스존 교향곡 3번 1악장으로 16분짜리 시연을 만들어 심사를 통과했다. 창작발레에 대한 생각은 항상 차고도 넘치지만 막상 공연을 준비하자면 예산부족으로 좌절할 때가 많다. 이럴 때 정부의 공연 지원금은 우리들에게 큰 힘이 된다.

공연 스케줄이 빡빡한 우리 발레단은 〈스코틀랜드의 꽃〉 역시 비교적 짧은 시간에 만들었다. 이 작품은 2014년 6월 1일 예술의 전당에서도 공연되었는데, 한국무용을 비롯한 다른 작품들과 경쟁해서 정부로부터 8천만 원의 지원금을 받게 되었다. 공연 예술을 하는 수많은 팀들이 치열한 경쟁을 했기 때문에 큰 기대를 하지 않았는데 좋은 결과가 나와 기뻤다. 지원금에 대한 생각보다는 작품에 더 몰두한 결과가 아닌가 싶었다.

비극작품을 연극이 아닌 발레로 공연할 때는 다른 모습을 보여주어야 한다. 나는 초반부에서 전체적인 분위기를 잡아주는 마녀 1, 2, 3을 요정으로 각색시켰다. 당컨 왕을 암살하고 왕이 되는 비극적인 인물인 맥베스의 운명을 예언하는 마녀 대신에 요정을 등장시켜서 환상적인 무대를 보여주고 싶었다.

작품은 낭만 발레가 아닌 '드라마 발레'의 형식이다. 그리고 맥베스 장군에게 암살당하는 당컨 왕은 춤 없이 등장시켰다. 당컨 왕의 역할은 부산에서 알고 지내던 선배를 기용했다. 평소에 무대에 서보는 것이 소원이었던 선배는 이 공연으로 소원을 이루었고, 나는 연기자 하나를 얻은 셈이니 서로 상생을 한 셈이다.

〈스코틀랜드의 꽃〉을 안무하는 데는 볼쇼이발레단 유리 그리고로비치로부터 지도받았던 경험이 많은 도움이 되었다. 그가 안무한 〈스파르타쿠스〉를 떠올리며 어떤 장면은 응용하기도 하면서 〈스코틀랜드의 꽃〉을 완성했다. 그리고로비치는 댄서를 보고 안무를 결정한다. 거장 안무가들은 대부분은 그렇다. 댄서를 보고 그에게 적합한 안무를 하는 안무가들은 남 다른 눈을 가진 사람처럼 보였다. 거장들과 함께 한 경험이 안무를 할 때 큰 도움이 되었다. 동시에 작품과 관련된 자료들인 사진과 음악을 거듭 보고 듣고 하면서 안무를 구상했다.

나의 안무는 느낌이 들어오는 순간 바로 동작을 지시한다. 나는 성격이 급하고 불같이 타오르지만 동시에 집중력이 강한 편이다. 남들이 번거롭게 생각하는 엉킨 실타래를 푸는 데는 선수다. 성격이 순하고 침착한 사람들도 엉킨 실타래를 풀다 보면 화를 내면서 포기하지만, 나는 재미있게 실타래를 풀어 버린다. 머리가 복잡할 때는 일부러 실타래를 잡고 곰곰이 생각하면서 풀어 낸다. 실타래를 풀면서 안무 동

〈맥베드〉 中중에서

작을 생각하기도 했다. 단기간에 안무를 할 수 있는 데에는 이러한 집중력이 크게 작용했을 것이다.

단원들이 일심동체로 의상을 비롯한 모든 준비를 같이 했다. 우리가 공연을 순조롭게 할 수 있었던 이유는 단원들 모두가 발레에 대한 열정이 불타오르기 때문이다. 나는 드라마 발레를 통하여 관객에게 접근하고자 이 공연에 열과 성을 다했다. 발레는 뮤지컬에 비해 관객이 부족하다고 생각만 하기보다는 우리 스스로 관객들을 창출하는 자세가 필요하다. 창작발레와 더불어 지속적인 클래식 발레 공연도 소홀히 해서는 안 된다.

클래식 발레는 수세기 동안 지속되어온 영원성이 있는 작품들이다. 예를 들어 〈백조의 호수〉와 같은 작품은 새롭게 각색해서 창작발레로 공연하기도 한다. 예를 들어 〈백조의 호수〉 무용수로 발레리노들을 등장시켜 화재가 된 적이 있었다. 관객들은 무대에서 여성들의 우아한 백조가 아니라 역동적인 발레리노들의 춤에 매료되었지만, 그 공연이 지속적으로 이어지지는 않았다. 이유가 뭘까? 아무래도 〈백조의 호수〉는 오리지널 공연이 가지고 있는 힘이 있는 것이다. 작품에 대한 다양한 시각도 필요하지만, 오리지널의 완성도를 높이는 공연도 중요하다. 이 둘을 절묘하게 결합시키는 것은 무척 어려운 일이다.

이원국발레단은 정기 공연인 클래식 발레와 더불어 새로운 형식의 드라마 발레에 이르기까지 공연 무대의 영역을 넓히고 있는 중이다.

세계적으로 명성을 얻을 수 있는 좋은 공연을 하기 위해서 다양한 시도를 꾸준히 하고 있는 것이다. 우리 발레단이 새로운 안무로 선보이는 클래식 발레도 주목해 주시길 바란다.

나는 공연을 마치고 나서는 그날의 공연에 대해 다시 생각한다. 바둑기사들이 대국을 마치고 나서 '복기'를 하는 것처럼 그날 한 공연에 대해서 무대 연출과 의상에 이르기까지 종합적인 분석을 한다. 발레는 바둑의 흑과 백처럼 남성 댄서와 여성 댄서가 서로 절묘하게 긴장감을 유지해야 좋은 공연이 가능하다. 때론 전쟁처럼 때론 연인처럼 긴장감이 팽배해야 극적인 작품이 탄생한다. 그날 공연의 기억을 떠올리면서 여기서는 너무 오버했구나 하는 생각도 하고 연결동작이 부족했다는 판단을 내리기도 하면서 다음 공연에 대비한다.

그날 공연에 대한 종합적인 판단은 결국 공연이 끝난 후에 할 수 있는 것이다. 일과를 마치고, 서산에 해가 저물면 쟁기를 들고 집으로 돌아가는 농부처럼 나의 공연도 시작과 끝이 있다. 공연을 마치고 조용한 반성의 시간을 갖는 태도는 일상생활에도 적용하면 좋을 것이다. 여러분들도 하루의 일상을 이런 식으로 안무한다면 아름다운 무대와 같은 인생을 만들 수 있지 않을까.

이원국발레단은 정기 공연인 클래식 발레와 더불어
새로운 형식의 드라마 발레에 이르기까지
공연 무대의 영역을 넓히고 있는 중이다.
세계적으로 명성을 얻을 수 있는 좋은 공연을 하기 위해서
다양한 시도를 꾸준히 하고 있는 것이다.

〈맥베드〉中중에서

직선에서 곡선으로

- 발상의 전환

영화처럼 발레도 캐스팅이 중요하다. 누가 주역을 하느냐에 따라 공연의 성패가 좌우되기도 한다. 공연을 빛나게 할 모든 조건을 갖춘 주역을 뽑는 일은 어려운 일이다. 하지만 안무가가 이 어려운 일을 해 내면 발레 스타가 탄생한다. 스타 댄서의 탄생은 침체의 늪에 빠진 발레 공연을 건져 올릴 두레박이 될 수 있다. 이원국발레단의 단원들은 모두가 스타 댄서가 되기를 꿈꾸고 있다. 우리 단원들 중에서 적어도 나를 뛰어넘는 댄서가 나오기를 간절히 바라고 있다.

내가 그동안 공연한 작품들 중에서 몇 편을, 캐스팅을 중심으로 살펴본다.

우리는 공연할 작품을 선정하고 우리 단원들을 중심으로 작품에 필요한 캐스팅을 검토한다. 해당 작품에 객원 출연자들이 필요하면 그들을 섭외한다. 이런 과정을 거쳐 작품에 필요한 캐스팅이 완료되면 댄서를 적절한 자리에 배치한다. 그 댄서의 장단점을 파악해서 가장 어울리는 역할을 분담한다. 발레 음악 선곡을 한 다음 그 음악을 들으면서 안무를 시작하고 새로운 동작을 창출한다.

〈호두까기 인형〉 공연을 준비할 때의 일이다. 이 공연에서 '꽃의 왈츠' 대목은 16명의 댄서가 출연한다. 이들이 만들어 내는 군무가 아름다운 명장면으로 손꼽힌다. 16명이 대형을 맞추기 위해 댄서들은 서로 마주보고 나란히 서 있는 무대이다. 하지만 그때 우리가 준비할 수 있는 단원은 15명이었다. 15명이 서로 마주보면 한 자리가 비게 된다. 이때 고민이 시작된다. 한 명을 더 채울 것인가, 이 조건에서 안무를 시도할 것인가? 나는 그때 15명이 동그랗게 원을 그리면서 춤을 추는 안무를 시도해 보았다.

서로 마주보는 직선에서 함께 어울리는 곡선으로 발상을 전환해 본 것이다. 만약에 부족한 한 명을 기다린다면 인원이 채워질 때까지 연습도 할 수 없고 다른 안무가 탄생할 수 없다. 우리에게 이미 주어진 상황인 15명으로 둥근 원을 그리면서 꽃의 왈츠를 안무했는데 관객들에게 새롭고 아름다운 무대였다는 평가를 받았다.

〈스코틀랜드의 꽃〉은 총 50명의 출연자가 필요했다. 이 공연은 연극적인 요소가 있기 때문에 댄서가 아니어도 무대에 설 수가 있다. 춤을 추지 않아도 되는 장면도 있기 때문이다. 우리들이 섭외한 객원 출연진으로는 한계가 있기 때문에 대학로에서 연극 연출을 하는 선배에게 전화를 걸어 작품 내용을 설명하고 연기자가 필요하다고 도움을 청했다. 선배는 공연에 필요한 배우들을 데려오고 더불어 동병상련의 마음으로 공연 입장권도 100장이나 사주었다. 이런 계산까지는 하지 못했지만 주어진 상황에서 최선의 방법을 찾다보면 하늘은 스스로 돕는 자를 도와주었다.

무대 장치와 더불어 의상도 우리들이 직접 준비한다. 〈스코틀랜드의 꽃〉 공연 의상과 소품들을 다른 공연에서 사용하기도 한다. 공연 포스터 사진도 연습하다가 잠시 시간을 내서 금방 찍은 사진이었다. 막상 만들어 놓고 보니 괜찮아 보였다.

우리나라의 객원 댄서들은 서로 상부상조하는 협력관계가 잘 되어 있다. 우리 발레단의 공연에 스타 객원 댄서들이 적극적으로 참여하는 모습을 보면서 그동안 발레를 한 보람을 느낀다. 객원 댄서들이 우리 발레단을 선호하는 이유는 단원들이 가족처럼 지내기 때문이라고 한다. 공연을 준비하다 보면 객원 출연자들도 우리 단원 같다는 생각이 들 때가 있다. 서로 고된 길을 가면서 항상 배려하는 마음이 있어 참 고맙다.

가족적인 분위기로 소통하는 우리 단원들은 서로가 리더가 되어 객원 출연자의 섭외를 비롯해 의상, 소품까지도 직접 준비하면서 성공적인 공연을 위해 노심초사하고 있다. 내가 바쁠 때는 단원들이 객원들을 섭외하기도 한다. 〈스코틀랜드의 꽃〉에 출연한 3명의 요정들도

〈맥베드〉 中중에서

단원들이 데리고 온 객원들이다. 한 번 선택한 출연진은 바꾸지 않는다는 원칙으로 안무한다. 단원들이 발레단을 가족처럼 생각하고 각별하게 생각하기 때문이다.

국립발레단에서 만난 김주원 교수가 우리 발레단의 연습실에 왔다가 우리 공연에 관심을 보여서 자연스럽게 공연에 합류한 경우도 있었다. 한때 나의 베스트 파트너였던 김주원의 춤을 보고 우리 발레단의 최예원이 잘 배워서 멋진 장면이 연출되기도 했다. 또한 김 교수가 최예원에게 〈스코틀랜드의 꽃〉의 자객역할을 추천하기도 했다.

우리 발레단은 동시에 두 가지 공연을 준비할 때도 있다. 예를 들어 〈스코틀랜드의 꽃〉을 연습하면서 〈호두까기 인형〉을 동시에 연습하기도 한다. 충분한 시간이 없기 때문에 오전에는 〈스코틀랜드의 꽃〉 오후에는 〈호두까기 인형〉을 연습하다 보면 아침 10시에 시작한 연습이 밤 10시까지 이어질 때도 있다. 때론 공연이 있는 당일 날 아침까지 연습을 하고 무대에 올랐다.

우리가 이렇게 공연을 할 수 있었던 이유는 아주 간단하다. 우리에게 주어진 공연은 꼭 해야만 하기 때문이다. 우리들이 절실하게 원하기 때문이고 이 상황을 극복해야 더 좋은 무대가 다가오기 때문이다. 사랑에 빠진 사람은 연인을 보고 싶어 새벽에 일어나 먼 길을 가기도 한다. 발레를 사랑하는 마음을 가지려면 뜨거운 열정이 필요하다. 우리 발레단의 단장인 내가 먼저 모범을 보여야 한다. 단원들보다 더 뜨거운 열정을 가져야 한다. 이 열정이 식는 날이 바로 내가 발레를 떠나는 날이다. 아마도 그 날은 내가 이 세상을 떠나는 날이 되지 않을까?

〈스코틀랜드의 꽃〉 공연을 마치고 무대를 같이 한 연극배우들과 술 한 잔을 하면서 이런 대화를 나누었다.

"셰익스피어 작품을 어떻게 발레로 공연할 것인지 궁금했는데 정말 대단합니다."

"올해가 셰익스피어 탄생 450주년이라는 의미가 있어, 그의 대표작들 중에서「맥베스」를 골라 공연하게 되었어요. 이 비극은 그동안 여러 가지 연출의 공연과 영화가 있었지만 발레로서는 색다른 시도였다고 생각합니다. 연극과 비교해 보니 어떻던가요?"

"우리들도「햄릿」,「맥베스」등을 여러 번 공연했었어요. 일반인들보다 우리들이 작품에 대해서는 잘 안다고 할 수 있는데 처음에는 별 기대를 하지 않습니다. 하지만 막상 공연을 보니 연극과는 다른 감동과 재미가 있었어요. 정말 대단합니다. 춤이 저렇게 전달력이 강한 걸 처음 알았어요."

"고맙습니다. 연극과 발레는 일맥상통하는 점이 많으니 앞으로도 서로 교감했으면 좋겠어요. 비록 지금은 어려운 조건 속에 고생을 하긴 하지만, 언젠간 연극과 발레가 대중들에게 깊은 사랑을 받는 날이 오지 않겠습니까?"

"먼 길인데 우리 힘을 합쳐 잘 해 봅시다."

창조적인 예술가의 작품은 악조건 속에서 탄생한다. 모진 역경이 닥칠 때 인간이 강해지는 것처럼 예술가의 고통이 작품으로 승화되는 것이다. 이런 과정 없이 자신에게 주어진 '조건'만 탓한다면 할 수 있는 일이 얼마나 될까 싶다.

우리 단원들은 각자 가지고 있는 장단점이 있다. 나는 그들의 단점을 장점으로 바꾸기 위한 안무를 한다. 이런 마음으로 서로 개성이 다른 단원들과 함께 하니 나에게 새로운 습관이 생겼다. 발레는 물론이고 일상생활을 할 때에도 사람들의 단점을 장점으로 보고자 노력한다. 단점과 장점은 동전의 앞면과 뒷면처럼 같이 붙어 있다. 어떤 각도에서 보느냐가 중요하다.

세상 모든 일은 연결되어 있다. 숲속의 풀벌레 울음소리가 하늘의 별빛을 떨리게 한다. 좋은 인연이 아름다운 사회를 만들고, 기업과 예술이 함께 할 때 문화 국가로 성장할 수 있다. 발레와 기업도 일맥상통한다. 개인 발레단을 운영해 보니 경영자들의 고충을 조금은 이해할 수 있었다. 어떤 조직이라도 그 조직의 장은 인사를 중요하게 여긴다.

인사가 만사라는 이야기가 있듯, 사람을 잘 뽑아야 정치도 경제도 원활하게 돌아간다. 온 국민을 경악하게 만든 세월호 사건을 보면서 내가 느낀 것 중에 하나가 선박을 지휘하는 선장의 캐스팅이 잘못 되었다는 점이다. 선장의 무책임한 행동을 보면서 참담한 마음이 들었다. 만약에 회사에서 선장을 잘 캐스팅했다면 이토록 처참한 사고는 방지할 수 있었을 것이다.

〈맥베드〉中에서

오케이!
오늘은 여기까지

이원국발레단이 이제 10주년을 넘어섰다. 그동안 우여곡절이 있었지만 조금씩 성장세를 유지하고 있으니 참으로 고마운 일이다. 지난 세월을 뒤돌아보면서 앞으로 나아갈 길을 생각한다. 대지를 달리는 천리마처럼 거칠게 달려온 지난 시간이었다. 이제 반성과 성찰의 시간을 가지고 부족한 부분은 채워서 앞으로는 5년 단위로 우리 발레단의 성장 계획을 세우려고 한다.

우리가 가야 할 목표점은 분명하다. 우리 발레단의 창작 발레 작품으로 세계적인 무대에서 공연하고 러시아의 바가노바 발레 아카데미와 견줄 만한 발레단을 만든다는 것이다. 이 목표를 향해 가는 도정에 지금 서 있다. 우리 발레단의 위상이 높아지고 공연 수익이 보장된 발레 공연이 활발하게 이루어져야 우리의 목표점에 다가갈 수 있다.

사실 후원그룹이 없는 개인 발레단이 매년 150회의 공연을 소화한다는 것이 녹록한 일은 아니다. 그동안 우리들은 공연장소를 불문하고 무대에 섰다. 그래서 기자들은 '길 위에 발레단'이라고 이원국발레단을 소개하기도 했다. 언론 홍보를 비롯해서 나는 여러 가지 방법으로 발레단의 성장을 위해 노력한다. 발레 애호가분들 중에 사업을 하시는 분들과의 대화를 통하여 발레단 운영에 대한 조언을 듣기도 한다. 내가 만난 사업가들로부터 들은 성공 요인 중의 하나가 탁월한 추진력이었다. 발레단 운영도 일종의 사업이기 때문에 그들의 성공요인을 분석해

고 우리에게 도움이 되는 부분은 적용하고 있다.

또한 발레단의 운영을 위하여 단장으로서 중요한 결정을 내려할 순간이 오기도 한다. 그때 나는 무용가 국수호 선생님을 떠올린다. 그는 마음에 양심의 저울을 놓고 적어도 자신에게 부끄럽지 않을 결정을 하기 위해 노력한다고 했다. 그분처럼 쉽게 결정하기 어려운 사안 앞에서 내 마음의 저울을 놓고 기우는 쪽으로 가려고 한다. 때론 힘들고 고독하다.

발레단이 성장하기 위해서는 무엇보다도 단원들의 기량이 뛰어나야 한다. 더불어 매일 연습실에서 같이 땀을 흘리는 단원들의 인간관계도 매우 중요하다. 나는 단원들에게 창조적인 생각을 유도하면서 자유롭게 연습하도록 한다. 단원들이 성장하기 위해서는 연습밖에는 뾰족한 수가 없다. 어떤 방법이 가장 좋다고는 할 수 없다. 세계적인 안무가를 만나는 것도 지름길이 되겠지만, 기본적으로 댄서는 댄서에게 배우는 것이 가장 좋다. 〈지젤〉 공연을 앞두고 한 단원이 이런 질문을 했다.

"단장님, 〈지젤〉 주역은 어떻게 해야 하나요?"

나는 바로 대답했다.

"너, 〈백조의 호수〉에서 왕자 역할 해 봤지."

"예."

"그럼, 그렇게 하면 돼"

어떤 역할이 주어지든 자신의 공연 경험을 상기하면 큰 도움이 된다. 자신의 경험보다 더 좋은 선생은 없다. 한 작품을 완벽에 가깝게 공

연한다면 다음 작품은 절반은 이루어 놓은 셈이다. 그 전에 했던 공연
들을 계속 파고 들어가면 초심자의 마음을 발견하게 된다. 발레를 처
음 할 때 떴던 눈과 겸손한 마음을 유지해야 한다. 결국 기본기가 중요
하다는 이야기다. 한 작품에서 습득된 기본기가 튼튼하면 다른 작품에
서 혼란스럽지 않다. 나는 항상 기본기 연습에 충실하려고 지금까지도
노력하고 있다.

　　무대에 올라오기까지 댄서들은 혹독한 수련과정을 거친다. 개인차
가 있긴 하지만 모두들 엄청난 노력들을 한다. 이때 주의할 점이 있다.
클래스를 하면서 다른 댄서들의 모습을 유심히 보는 버릇을 가져야 한
다. 댄서는 다른 댄서를 거울처럼 보면서 성장하는 것이다.

국립발레단 시절에 영화 〈백야〉로 유명한 발레리노 바리시니코프를 잠깐 만난 적이 있었다. 그때 그의 모습을 보면서 직접 지도를 받은 것 이상으로 많은 것을 배웠다. 항상 발레에 대해서 고민하고 연구하고 연습하던 시절이어서인지, 세계적인 댄서의 동작들이 순간적으로 치고 가는 깨달음이 있었다. 말로 설명하기 힘든 영적인 경험처럼 느껴지기도 한다.

발레 댄서는 움직이면서 생각한다. 몸으로 생각해야 한다. 음악을 들으면 자신이 움직인 동선과 동작이 저절로 몸에서 나와야 된다. 내 몸을 남이 움직여주지 않는다. 나의 몸을 남이 움직여준다는 것은 환자가 되었다는 이야기다. 발레 댄서가 환자가 되지 않기 위해서는 항상 다른 댄서를 보고 자극을 받아야 되고, 단점을 발견하면 자신에게 저런 면은 없는지 반성하면서 무대에 서야 한다. 물이 고이면 썩는 법이다.

어떤 경우에는 단원들이 역할 소화를 제대로 하지 못해 화가 날 때도 있다. 하지만 너무 무리한 일정으로 단원들이 피곤하겠다는 생각이 들기도 한다. 그럴 경우에는 이렇게 한다.

"오케이! 오늘은 여기까지."

내 한 마디에 단원들이 고마워하는 모습을 보면서 매사를 긍정적으로 생각하기 위한 노력도 필요하다는 사실을 깨닫게 된다. 만약 너는 왜 나처럼 못하느냐고 질책을 하면 단원들의 마음에 금이 갈 것이다. 특히 공연은 단원들의 섬세한 감정이 필요하다. 마음에 금이 간 상태에서 한 발레는 관객들의 눈에 불편하게 보인다. 그럼 공연은 실패로 끝난다.

우리 발레단의 작품이 무대에 올라간다는 것은 이러한 과정을 다 거치고 마치 연습을 하듯이 자연스럽게 공연을 시작함을 의미한다. 이미 연습할 때 공연한다는 마음으로 했기 때문에 좋은 공연이 될 확률이 높다. 무대의 막이 내려가고 커튼콜이 울리고 공연이 끝나면 이렇게 속으로 말한다.

"우리들이 해냈구나! 수고들 했다."

단원들 전체가 한마음으로 자기 역할에 충실하면 좋은 공연이 된다. 관객들의 반응을 보면서 실제 공연을 할 때는 보이지 않았던 공연 무대가 연상된다. 공연을 마치고 나면 다들 감동할 때가 있다. 그때는 '그래 우리는 열심히 했어' 하는 눈빛을 교환한다. 그런 모습을 보면 마음이 뿌듯하다. 스타 객원 출연자들에게는 우리들과 함께 한 것에 대해 고마운 마음을 전한다.

하지만, 나는 "오케이! 오늘은 여기까지." 이 말을 아직 나에게 한 적은 없다. 항상 '다시 한 번, 다시 한 번 더' 하고 스스로 채찍질을 한다. 언젠가는 이 말을 나에게 하고 싶다. 그날을 위해 나는 공연장으로 향한다. 나를 기다리는 아름다운 사람들의 박수소리가 멀리서 북소리처럼 들려오기 때문이다.

금융사 TV광고 中에서

하지만, 나는 "오케이! 오늘은 여기까지."
이 말을 아직 나에게 한 적은 없다.

항상 '다시 한 번, 다시 한 번 더' 하고
스스로 채찍질을 한다.

언젠가는 이 말을 나에게 하고 싶다.
그날을 위해 나는 공연장으로 발길을 향한다.

글을 마치며, 그리고 어머니...

지금 나는 〈스코틀랜드의 꽃〉 공연 뒤풀이를 마치고 이 글을 쓰고 있다. 조금 전에 끝난 회식 자리에서 부산에서 올라온 어머니께 식사 대접을 하고 아버지와 오랜만에 소주 한잔을 하면서 발레단 운영에 대한 이야기도 나누었다. 모두들 즐겁게 먹고 마시고 서로를 격려하는 모습이 보기 좋았다. 시간이 되자 제자와 후배들이 와서 수고했다고 인사를 하고 간다. 연로하신 부모님을 숙소로 모셔다 드리고 나니 밤 12시가 넘었다. 늦은 시간이지만 단골 식당 주인에게 라면을 끓여달라고 했다.

공연을 위해 다이어트를 하기 때문에 무대에서 내려오면 허기가 몰려와 늦은 시간에 밥을 먹곤 한다. 술에 취한 공복의 위장이 본능을 드러내는 것이다. 오랜 단골 식당 주인은 메뉴에도 없는 라면을 편의점에서 사 가지고 와서 만들어 준다. 늦은 밤 홀로 먹는 라면은…, 고맙고 눈물겹게 맛있다. 라면을 반쯤 먹고 이 책의 후기를 쓸 생각을 다듬었다. 회식 자리를 함께 했던 많은 사람들이 모두 돌아가고 없다. 그들이 머물다 간 식탁을 치우는 식당주인을 물끄러미 바라보았다.

책의 본문을 다 쓰고 나서 후기를 쓴다는 것은 어떤 의미일까 생각했다. 그것은 아마도 공연을 마치고 단원들과 함께 하는 회식자리와 같은 의미가 아닌가 싶기도 하다. 마음을 편하게 하고 지난 일들을 다시 떠올려 보니, 제일 먼저 떠오른 말이 '엄마, 같이 죽자'이다. 사춘기 시절 방황을 끝내고 집으로 돌아오고 나서 한 말이다.

어머니에게 이런 독한 말을 한 이유는 넓은 세상에서 나의 길이 보이지 않아서였다. 그때 가톨릭 신자인 어머니는 자살을 하면 하느님의 나라에 갈 수 없다는 이유와 더불어, 너는 태어난 이유가 분명히 있을 것이라고 그 길을 같이 찾아보자고 나를 다독여주셨다. 길이 보이지 않는다고 없는 건 아니니까 잘 찾아보자고 하셨다. 그때 찾은 길이 바로 발레였다. 그러니까 발레는 절망감에 시달리다 죽어버리려고 했던 나에게 삶을 주었다.

그것은 멀고도 험한 길을 걸어가게 한 에너지였다. 나는 갈 길을 찾지 못한 자의 고통을 잘 알고 있다. 누구보다 힘들게 내 인생의 길을 찾았기 때문이다. 그 다음에 자연스럽게 떠오르는 것이 바로 무대이다. 나는 무대에서 고통을 치유했다. 항상 긴장하면서 살았기 때문에 늙을 시간도 없었다. 적어도 무대 위에서 항상 젊은 왕자로 살고 있다. 이것만은 이원국이라는 이름으로 사는 동안 영원할 것이다.

〈백조의 호수〉, 〈지젤〉, 〈로미오와 줄리엣〉, 〈돈키호테〉, 〈스파르타쿠스〉, 〈호두까기 인형〉을 비롯한 수많은 발레 작품을 공연했다. 국립발레단과 유니버설발레단의 수석 무용수로서 러시아, 루마니아, 일본을 비롯한 세계적인 무대의 중심에서 춤을 췄다.

이 중에서 〈호두까기 인형〉의 무대가 제일 먼저 떠오른다. 이 작품은 내가 유니버설발레단에서 1993년에 첫 공연을 한 후, 2014년인 지금까지 매년 3회에서 6회씩 공연을 했기 때문이다. 대충 계산해도 100회 이상의 공연을 한 작품이다. 이것은 발레 무대가 대중화되지 않은 우리나라에서는 아마도 신기록일 것이다. 만약에 육상 선수처럼 기록을 남길 수 있다면 세계신기록감이라고 자부한다. 또한 〈돈키호테〉의 '그랑 파드 되'는 자다가도 일어나 완벽하게 춤출 수 있다. 이런 생각을 떠올리자 밤하늘의 별들이 예사롭게 보이지 않는다. 저 먼 곳에 있는 별까지 지금 나는 가고 있는 능이나. 누내 위에서 믿고 뛰고 빌시오그던기 에긴에는 보지 못했던 새로운 인생을 보았다.

오늘 나는 어머니께 정말 궁금한 것을 여쭤 보았다. "어머니는 왜 나에게 발레를 하라고 하셨어요?" 여러 가지 이유를 본문에 썼지만 그게 다는 아닌 것 같았다. 내가 책을 낸다고 해서인지 어머니는 슬쩍 이런 말을 해 주셨다.

"사실…, 그건 말이다. 네가 너무 거칠어서였다. 너는 브루터스처럼 거칠고 뽀빠이처럼 강했다. 그런 거친 사내의 기운을 다스리는 것이 감성적인 발레라고 생각했다. 너를 예술가로 만들고 싶었다. 하지만 그게 너의 길이 될 줄은 나도 몰랐다. 그리고 내가 그런 생각을 하고 있을 즈음에 동아 무용 콩쿠르에서 처음으로 고등부가 신설되었다는 신문기사가 났다. 그전에는 아마도 일반부만 있었나 보더라. 나는 그걸 오려서 가지고 있었다.

우리 아들이 여기에 나갔으면 좋겠다는 생각을 한 거다. 그리고 무엇보다 너는 발레 학원에 가더니 변했다. 내 느낌에 아마도 너는 좁은 학원에서 울려 퍼지던 음악소리에 먼저 반한 게 아닌가 싶기도 하다. 하여간 너는 학원에 간 후로 눈빛이 변하고 생활태도가 변했다. 옆에서 보기에 무서울 정도로 연습을 하더라. 저러다가 애가 죽어버리면 어쩌나 걱정을 할 정도였다. 너는 발레학원의 열쇠를 가지고 다니면서 연습을 하지 않았니. 그거면 된 거지. 나는 내 아들의 손을 잡고 거기에 데려다 줬을 뿐이다. 어미가 할 일은 다 한 거다. 나머지는 네가 다 했다. 엄마는 정말 우리 아들이 자랑스럽다."

이 말씀을 하시고 어머니는 소녀처럼 조용히 웃으셨다.

그동안 틈틈이 쓴 이 책은 내 삶의 나무이다. 나무 한 그루는 깨끗한 물만으로 자라지 못한다. 햇볕과 어둠, 비와 바람, 여기저기에서 스며

드는 유기물들과 같은 자양분이 필요하다. 내가 듬성듬성 적어 놓은 이 글들이 모두 좌절과 고통을 통해 나온 자양분들이었다. 때론 부끄러워서 밝히고 싶지 않은 일들도 고해성사를 하는 심정으로 여기에 다 적었다.

나는 잊지 않는다. 발레리노 이원국의 무대는 나 혼자만의 것이 아니라는 사실을. 우리들의 무대는 발레를 사랑하는 사람들이 보내준 응원과 박수의 결과라는 감사의 마음을 항상 가슴에 담고 있다. 객석에서 내 공연을 보고 브라보를 외치던 관객들에게 무대에선 보여주지 못했던 내 인생을 이 책을 통해서 보여드리고 싶었다.

이 책을 만들어 준 추기숙 대표의 발레에 대한 열정과 사랑이 없었다면 내 이야기들은 책이 되지 못하고 그저 허공에 떠돌았을 것이다. 너무 고마운 일이다. 발레리나 최예원을 비롯한 단원들에게도 고마운 마음을 전한다. 그들이 나를 뛰어넘어 세계무대로 도약하기를 간절하게 바란다. 우리 발레단을 후원해주시는 많은 분들에게도 감사의 마음을 전한다. 이원국발레단의 리더인 발레리나 이영진에게도 고맙고 사랑한다고 말하고 싶다. 그리고 내 딸 예진아, 아빠가 많이 미안하다. 사랑한다. 나의 소중한 가족들과, 거친 밤바다의 등대와 같았던 어머니의 따뜻한 가슴에 두 손 모아 이 책을 바친다.

2014년 10월 19일 새벽
이원국발레단 단장 발레리노 이원국

발레 용어

그랑 파 드 되(Grand Pas de deux) ①아다지오(adagio:느리게), 바리에이션(variation:변화), 코다(coda:마지막 節)의 3부분으로 이루어져 있음. ②《백조의 호수》, 《잠자는 숲속의 미녀》, 《호두까기 인형》, 《돈키호테》 등에서 볼 수 있음.

네가지 팔의 자세(Arm Position) ①앙 바(En Bas) : '앙(En)'은 '~인 상태로'라는 뜻의 불어다. 'Bas'는 '낮은'. 따라서 앙 바는 팔의 낮은 자세를 뜻함. ②앙 아방(En Avant) : 자연스럽게 발음하려면 두 단어를 연독해서 '아나방'이라고 말한다. ③'앙 바' 상태에서 팔이 한 스탭 위로 이동함. ④알 라 스공드(A la Second) : 양쪽으로 팔을 길게 편 자세. 발로 치면 2번 자세도 이에 해당됨. ⑤앙 오(En Haut) : 'haut'는 높이를 뜻한다. 팔의 높은 위치를 뜻함.

바리아시옹(Variation) ①고전발레의 솔로 춤.

발레리나, 발레리노(Ballerina, Ballerino) ①발레리나는 발레의 여성 주역 무용수를 일컫는 용어이며, 발레리노는 남성을 지칭. ②무용수의 통칭으로 쓰이기도 하나, 러시아나 유럽에서는 엄격하게 주역에게만 쓰임.

발레 마임 ①무용수가 말을 하지 않은 채 자신의 감정이나 생각 들을 몸짓으로 나타내는 것을 마임이라 한다. 물론 발레 자체가 말이 없는 몸짓 예술이긴 하다. 하지만 춤 동작이 전체적인 이야기를 큰 동작으로 굵직굵직하게 나타내는 것이라면, 마임은 춤과 춤 사이에 끼여들어가 인물들의 세세한 감정이나 생각들을 나타내는 것임.

아라베스크(Arabesque) ①한 다리로 서서 다른 다리는 뒤로 올리고 충분히 뻗치는 고정자세. 들어올린 다리는 일직선이 되거나 무릎을 반쯤 오므릴 수 있음.

앙 드오르(En Dehors) ①턴 아웃. ②무용수가 고관절 이하 부분을 몸통 바깥쪽으로 돌린 상태로, 다리와 발이 엉덩이에서부터 90도로 밖을 향하게 되는 자세. 이로 인해 팔과 다리가 몸통으로부터 벗어나 어느 방향으로든 자유롭게, 멀리 뻗어나갈 수 있게 됨.

앙트르샤(Entrechat) ①도약의 일종으로 무용수가 공중에 있는 동안 두 다리를 'X' 자형으로 서로 엇갈리게 교차시키는 동작. ②교차 횟수에 따라 Entrechat Quatre 앙트르샤 카트르, Entrechat Six 앙트르샤 시스, Entrechat Huit 앙트르샤 위트 등으로 나눔. ③캄파니니 바바라(Campanini Barbara 1721-1799)는 테크닉이 뛰어난 이탈리아 발레리나로서 피루에트,주테, 앙트르샤 위트로 유명함.

주테(Jete) ①한쪽 다리를 마치 던지듯 공중에 날리면서 다른 다리로 이어가는 도약 모든 방향으로 다양한 형태의 주테가 가능하며, 공중에서 다리를 '—'자로 쫙 벌리는 모습은 'Grand Jete' 그랑 주테, 주테 동작을 회전하면서 하는 것은 'Jete en Tournant' 주테 앙 트루낭. 이라 함.

투르 앙 레르(Tour en Lair) ①발레리노들이 공중에서 몸 전체를 회전시키는 자세. ②현대무용에서는 여자 무용수가 시도하기도 하지만 발레에서는 원래 남성의 전유물.

튀튀(Tutu) ①발레리나들이 입는 고전발레 의상. ②라 '실피드'에서 탈리오니가 입고 나온 무릎 아래 길이의 종 모양 스커트가 선풍을 일으킨 이후 발레 의상의 대명사가 됨. ③종 모양의 긴 스커트인 '로맨틱 튀튀', 접시 모양으로 확 퍼지며 다리를 모두 드러내는 클래식 튀튀 두 종류가 있음.

푸에테(Fouette) ①한쪽 다리를 Up and Down 으로 계속 움직이면서 다른 쪽 다리를 마치 채찍질 하듯이 차면서 경쾌하게 회전하는 동작.(피에리나 레냐니가 처음 시도 함.)

피루에트(Pirouette) ①한 다리로 서서, 선 자리에서 팽이처럼 핑그르르 몸을 회전시키는 동작.18세기 독일 발레리나 '안나 하이넬'이 처음 시도 함.

월요 발레 中에서

이쇼라스

초판 1쇄   2014년 10월 23일

지은이   이원국
펴낸이   추기숙

경영총괄   박현철
책임편집   최미진
디자인책임   신남수   **마케팅책임** 김현동
기획1팀   신현경 성지은 김득순 박다빈
기획2팀   박상락 함정임 정두철 강신애 서병옥 송지원
디자인연구소 이우섭 양혜진 사재웅 최희주 손향미 김재한
경영지원실   김정매

펴낸곳   다니비앤비
출판등록   2013년 9월 16일 제2013-000266호
인쇄   서진문화인쇄
사진작가   김교성, 김형석, 송인호, 이강우, 최영모

주소   서울시 강남구 봉은사로 415, 3층(삼성동 38-30)
전자우편   dani@dani.co.kr
홈페이지   www.dani.co.kr
전화번호   02-545-0623
팩스   02-545-0604

ISBN   978-89-97110-58-2

■ 책값은 뒤표지에 있습니다.
■ 파본은 구입하신 서점에서 교환해드립니다.
■ 이 책은 저작권법에 의하여 보호를 받는 저작물이므로 무단 전재와 복제를 금합니다.

다니비앤비(DANI B&B)는 독자 여러분의 책에 관한 아이디어와 원고 투고를 기쁜 마음으로 기다리고 있습니다. 책 출간을 원하는 아이디어가 있으신 분은 이메일(dani@dani.co.kr)로 간단한 개요와 취지, 연락처 등을 보내주시기 바랍니다. 기쁜 마음으로 여러분들의 의견을 소중히 받아들이겠습니다.